MANUAL TEÓRICO PRÁCTICO DEL

SÍNDROME DE ASPERGER

Autores

Salvador Zepeda Esquivel
Angélica Nicanor Secundino
José Heriberto Morales Rocha
Yasmín Mercado Delgadillo
Sirenio Jiménez Antonio
Salvador Alcalá Herrera (colaborador)
Selene Piña Cayetano (colaboradora)
Claudia Segura Medina (colaboradora)

Caritas
de Amistad A.C.
SÍNDROME DE ASPERGER

MANUAL TEÓRICO PRÁCTICO DEL
SÍNDROME DE ASPERGER

Elia Angeles Pini
(Coordinadora)

EDITORIAL
TRILLAS

México, Argentina, España,
Colombia, Puerto Rico, Venezuela ®

Catalogación en la fuente

Manual teórico práctico del síndrome de Asperger /
coordinadora, Elia Angeles Pini. -- México :
Trillas, 2014.
120 p. ; 23 cm.
Bibliografía: p. 113
Incluye índices
ISBN 978-607-17-1735-1

1. Síndrome de Asperger - Aspectos psicológicos.
I. Angeles Pini, Elia, coord. I. t.

D- 616.8522'M328   LC- RC537'M3

Derechos reservados
© 2014, Editorial Trillas, S. A. de C. V.

División Administrativa,
Av. Río Churubusco 385,
Col. Gral. Pedro María Anaya,
C. P. 03340, México, D. F.
Tel. 56884233
FAX 56041364
churubusco@trillas.mx

División Logística,
Calzada de la Viga 1132,
C. P. 09439, México, D. F.
Tel. 56330995, FAX 56330870
laviga@trillas.mx

[●] Tienda en línea
www.etrillas.mx

Miembro de la Cámara Nacional de
la Industria Editorial
Reg. núm. 158

Primera edición, enero 2014*
ISBN 978-607-17-1735-1

Impreso en México
Printed in Mexico

Esta obra se imprimió
el 2 de enero de 2014,
en los talleres de
Programas Educativos, S. A. de C. V.

B 105 TW

PRÓLOGO

En años recientes, el estudio del síndrome de Asperger ha tomado gran relevancia en el mundo entero. Desde la primera definición realizada por Hans Asperger hasta nuestros días, han existido muchos autores que han enriquecido las consideraciones que se deben tomar en cuenta al realizar un diagnóstico; sin embargo algunos autores y asociaciones también han generado confusión sobre su ubicación dentro de los trastornos generalizados del desarrollo; hay quienes aseguran que el síndrome no debería existir y considerarlo dentro de una amplia definición llamada Trastornos del Espectro Autista.

Desde mi punto de vista, el síndrome de Asperger es una entidad · diagnóstica que puede claramente diferenciarse del autismo, ya que aunque compartan en los primeros años signos y síntomas muy parecidos, es posible determinar características que los distinguen uno del otro. Esto representa un compromiso para los profesionales del campo a nivel de capacitación, es decir, utilizar el término Trastornos del Espectro Autista para definir a una persona que presenta una serie de características, y suponer que eso en sí mismo representa un diagnóstico, llega a generar mucha confusión a los padres de familia y maestros que están en contacto permanente con esa persona. Es fundamental ir de lo general a lo específico, ahí está el compromiso para implementar adecuados programas de intervención familiar, escolar y social.

Ahora bien, ¿por qué es importante un diagnóstico claro?

No debemos olvidar que cuando hablamos de una persona con síndrome de Asperger, hablamos también de una familia que requiere hacer modificaciones en sus expectativas a corto, mediano y largo

5

plazos. La familia enfrenta un proceso de duelo que pone a prueba sus recursos para adaptarse a una realidad diferente. Un diagnóstico oportuno dará luz sobre los pasos a seguir en la intervención, también generará más dudas, pero permitirá llevar a cabo las primeras estrategias que den paso a procesos adaptativos y funcionales que a largo plazo serán en beneficio de la persona con este trastorno, y, por ende, de la familia misma.

El diagnóstico determinará también las estrategias de intervención que se deben implementar en la escuela; un maestro con una visión clara de las características de sus alumnos con síndrome de Asperger, les permitirá trabajar más libremente utilizando aquellas herramientas que favorezcan el mejor desarrollo de sus habilidades dentro del salón de clases; entender mejor sus peculiaridades sociales y apoyarlas, lograr ser un guía que acompañe su crecimiento académico y social.

El diagnóstico no es una etiqueta, es un punto de referencia, de ahí su importancia. Al describir las características de una persona con síndrome de Asperger estamos únicamente enumerando signos y síntomas que en su conjunto lo conforman, es importante entender que en ningún momento se describen limitaciones, incapacidades o incluso patologías.

Hablamos de personas diferentes, como todos los que formamos este mundo, que ven la realidad a su modo y actúan de acuerdo con esa visión. Nosotros tenemos el compromiso no de adaptarlos a nuestra realidad, sino de entender la suya, comprenderla, y descubrir que a través de sus ojos, nuestra realidad es más compleja de lo que nos imaginamos. De aquí nace la importancia de este libro.

En México se han desarrollado pocos trabajos que expliquen claramente las principales características de las personas con síndrome de Asperger. La información a la que accedemos se refiere a investigaciones realizadas en Australia, América del Norte y Europa, falta una visión latinoamericana que abra un panorama más cercano a nuestra realidad. No sólo es importante un diagnóstico oportuno y certero, también es necesario conocer los procesos de pensamiento y las razones de ciertos comportamientos en las personas que presentan el síndrome. Se deben llevar a cabo diferentes estrategias de intervención en todos los espacios donde las personas interactúen, como el aula, la casa, el consultorio, sin olvidar el contexto cultural que las envuelve.

Lo que más enriquece un trabajo como el aquí presentado es la participación activa de los padres de familia. Como profesionales, tenemos ciertas expectativas de lo que las personas con síndrome de Asperger podrán llegar a hacer en su vida futura y muchas veces éstas no coinciden con las que los padres de familia desarrollan. Temas como sexualidad, relación de pareja, logros académicos y vida laboral, por mencionar algunos, se vuelven puntos de conflicto donde las visiones chocan sin llegar a soluciones concretas.

En la medida en que los profesionales y padres de familia trabajen de la mano en la apertura de espacios escolares, terapéuticos, recreativos, ocupacionales y laborales, a través de la sensibilización de una sociedad informada, las oportunidades para una adaptación más sana de las personas con el síndrome será posible y exitosa.

Caritas de Amistad, A. C. nos permite, a través de este libro, conocer su visión, su trabajo y su experiencia en el campo de la atención a personas con síndrome de Asperger y sus familias. Nos brinda la oportunidad de acercarnos a un sistema de intervención que ve más allá del diagnóstico y el proceso educativo, es una visión integral donde se involucra a todos los actores que participan activamente en el desarrollo de una persona con el síndrome y que al día de hoy ha generado grandes y satisfactorios resultados.

No perdamos la oportunidad de aprender de la experiencia de otros. A nuestro alcance está enriquecernos de la información que aquí se presenta y será nuestra la responsabilidad de trasmitirla para beneficio de quienes han inspirado este libro.

Psic. EDUARDO DÍAZ TENOPALA
Presidente del Consejo Directivo
Enlace Autismo, A. C.

AGRADECIMIENTOS

Este libro es el resultado de la participación de varias personas que han leído, colaborado, motivado y tenido paciencia, dándonos ánimo en forma directa e indirecta para la realización de esta aportación creativa y práctica.

Por lo que agradecemos a:

Rosa María Juárez Romero
Por su espíritu y ejemplo de fortaleza.

Lic. Jorge Garza Rojas
Por ser uno de los principales fundadores que se han mantenido en esta lucha.

Los padres de familia
Por su incansable búsqueda de oportunidades para sus hijos.

Lic. Priscila Harfush Meléndez
Por su humanismo, solidaridad, profesionalismo y por confiar en nosotros.

Lic. Mariana Gómez Santos
Por su asesoría y orientación.

Editorial Trillas
Por su apoyo incondicional.

Y especialmente a nuestros chicos *Aspis*
Quienes son el motor y la razón de ser de nuestra asociación.
La luz que guía nuestro sendero hacia un sueño: Crear un mundo mejor.
"Buscando coincidencias más que diferencias".

ÍNDICE DE CONTENIDO

Capítulo. 1. Síndrome de Asperger y diagnóstico diferencial, 15
ELIA ANGELES PINI

1.1. Perspectiva del síndrome de Asperger (SA), de Caritas de Amistad, A. C., 15 ♦ **1.2.** ¿Qué es el Asperger científicamente?, 16 **1.3.** ¿Qué es el Asperger para quienes han convivido con personas que viven con SA?, 21 ♦ **1.4.** ¿Qué es el Asperger para los *Aspis*?, 22 **1.5.** ¿Qué es el Asperger para Caritas de Amistad, A. C.?, 23.

Capítulo. 2. Evaluación diagnóstica del síndrome de Asperger, 25
SALVADOR ZEPEDA ESQUIVEL

2.1. Introducción, 25 ♦ **2.2.** El síndrome de Asperger como Trastorno Generalizado del Desarrollo (TGD) y como Trastorno del Espectro Autista (TEA), 26 ♦ **2.3.** Ejemplos de diagnóstico del síndrome de Asperger, 29 ♦ **2.4.** Diagnóstico diferencial del SA en la infancia temprana y la niñez (dos a siete años), 40 ♦ **2.5.** Diagnóstico diferencial del SA en el final de la infancia y la adolescencia (siete a 18 años), 40 **2.6.** Diagnóstico diferencial del SA en la adultez (más de 18 años), 41 ♦ **2.7.** Preguntas frecuentes acerca del síndrome de Asperger y su diagnóstico, 42.

INTRODUCCIÓN

Cuando el arco iris maravilloso de la vida se abre al tener un hijo, nos imaginamos si será niño o niña, planeamos su nombre y en el más desconfiado de los casos, afirmamos: "que sea lo que sea, pero que venga bien..."

El síndrome Asperger es un trastorno social invisible que toma desprevenidos a la familia, a los amigos y al individuo que vive en esta condición, ya que conlleva a un reajuste de nuestro proyecto de vida, pero sobre todo, a que ese hijo tan anhelado se convierta desde los primeros años en un enigma del cual conocemos muy poco para guiarlo y acompañarlo adecuadamente a lo largo de los años.

Ser padre de un chico que vive con una condición dentro del espectro autista es un reto, ya que es una experiencia vital muy compleja, la cual implica muchas horas de búsqueda, culpas y sensaciones encontradas; no sólo por la expectativa que se tiene cuando un hijo nace, y que nazca sano, sino porque es un aprendizaje que conlleva la modificación por parte de todos los miembros de la familia. Lamentablemente muchas familias padecen con diagnósticos erróneos, terapias psicológicas y alternativas, cambios intempestivos de escuela, de humor, etcétera.

La Asociación Mexicana de Síndrome de Asperger Caritas de Amistad, A.C. es un conglomerado de servicios terapéuticos en el área social, psicomotriz, comunicativa y de apoyo a las familias relacionadas con el mundo *Aspi* (término usado comúnmente a nivel internacional para referirse a las personas con síndrome de Asperger, adaptado por la fundación en forma cariñosa) con el fin de lograr la vida independiente de las personas que tienen este síndrome.

El Manual teórico práctico del síndrome de Asperger es resultado de cinco años de vivencias en Caritas de Amistad, A. C. ya que se encuentra una amalgama de experiencias, abordajes terapéuticos, capacitación a padres y el aprendizaje que nos trasmiten los propios chicos, y proporciona información básica para quienes requieren conocer más acerca del tema vital del *Aspi*.

Esta obra pretende ser, antes que nada, una herramienta de orientación para psicólogos, maestros, familias, público en general; y en especial, un cuaderno de consulta para los hombres y mujeres que han nacido en este universo llamado Asperger.

Este manual consta de siete capítulos donde nos encontraremos con diversos temas, junto con interesantes reflexiones acerca del increíble y creativo mundo Asperger. Se describe lo que es el síndrome, se trata el diagnóstico como el inicio del camino de la vivencia del Asperger y las diversas sintomatologías que envuelven la cotidianidad de cada individuo en dicha condición. En otras palabras, el Asperger visto desde dentro por la familia que acompaña al individuo que vive con él en su desenvolvimiento social, su problemática escolar y ante los diferentes retos que le significa la vida adulta; el trabajo y las relaciones tanto de amistad como de pareja y el resto de sus relaciones sociales.

Otra parte interesante del Manual teórico práctico de síndrome de Asperger es que presenta al *Aspi* en distintos aspectos; en su autoestima, sexualidad, brillo y creatividad en las relaciones que entabla con amigos, pareja y el resto de la sociedad; esto no es otra cosa más que desarrollar instrumentos de mejora en sus fortalezas, y de construcción de puentes terapéuticos ante sus debilidades individuales.

Se considera manual teórico, ya que se incorporan fundamentos científicos para disipar dudas; por otro lado, práctico porque también se presentan herramientas de apoyo para el día a día.

SÍNDROME DE ASPERGER Y DIAGNÓSTICO DIFERENCIAL

ELIA ANGELES PINI

Capítulo 1

1.1. PERSPECTIVA DEL SÍNDROME DE ASPERGER (SA), DE CARITAS DE AMISTAD, A. C.

El mundo Asperger

Había una vez un mundo que quizá nuestra sociedad llamaría extraño o atípico. No existían reglas, las personas que vivían allí hacían lo que realmente les gustaba, ellas ponían sus propios límites y las respetaban. Trabajaban y luchaban por lo que amaban, por ejemplo, Christian tenía una gran fijación por memorizar fechas de invenciones y no se diga de creadores de personajes fantásticos.

Era un mundo muy tranquilo, sin armas, bombas nucleares, robos, contaminación, pobreza, hambre o injusticias. Los habitantes se levantaban muy temprano con gran entusiasmo para realizar sus actividades. El mundo parecía un gran cuadro de arte que adornaban lindas esculturas, una gran variedad de historietas y pinturas bellas. Toda la gente valía lo mismo, lo que vale un ser humano, nadie era más rico o poderoso que otro. Nadie presumía ropa más cara o zapatos de marca, ni se preocupaba por pagar grandes deudas.

Sus casas y pertenencias eran sólo lo que necesitaban. Hablaban muy poco, cada uno estaba muy ocupado realizando sus labores, ellos se comunicaban entre sí a su manera, admirando el arte de cada uno. Respetaban el trabajo.

15

Todo reinaba con gran tranquilidad hasta que un día Luna y Genio tuvieron un hijo al que llamaron Paradigma. Pero el bebé, conforme pasó el tiempo, fue mostrándose diferente del resto, hasta que un día el doctor Einstein descubrió que Paradigma tenía una discapacidad llamada "síndrome de Perfección" o síndrome de Normalidad". Presentaba características como no comprender a los niños del pueblo, pensaba que eran "tontos" o "locos".

Crecía y se agudizaba su problema, era materialista e insensible; sabía criticar destructivamente y herir. Se la pasaba molesto, ambicionando poder. ¡Pobre chico, era tan extraño! Sin embargo sus padres siempre lo amaron y aceptaron, los niños del pueblo lo respetaban y nadie lo excluyó jamás. Un día se fue en búsqueda de una sociedad perfecta que le diera todo aquello que ambicionaba. Nadie lo detuvo porque todos respetaban las decisiones.

Nuestro mundo Asperger aprendió una lección: todos merecemos el derecho a la pertenencia, debemos aprender a respetar a Paradigma, incluso a chicos como él, quien padecía el síndrome de la perfección que era básicamente una discapacidad en los valores genuinamente humanos. ¡Pobre!, siempre sujeto al qué dirán y a dar gusto a una sociedad materialista y frívola.

Luna y Genio siempre lo recuerdan y esperan sin reprocharle jamás su lejanía, respetando siempre su condición de ser. Las voces silenciosas *Aspis*, se escuchan con la fuerza que sólo ellos poseen, diciéndole:

"Paradigma, si un día te sintieras desprotegido, recuerda que las puertas de nuestro mundo Asperger siempre estarán abiertas para ti".

El síndrome o trastorno de Asperger es simplemente una forma de ser, una forma de vivir, una condición de vida: *los Aspis viven en nuestro mundo, pero a su manera*. Así es como vemos en Caritas de Amistad el síndrome de Asperger.

El síndrome de Asperger se aborda desde dos perspectivas, la científica, por parte de profesionales dedicados a su estudio que, al mismo tiempo, es enriquecido por la parte humana de gente que convive con personas diagnosticadas, junto con los mismos individuos que viven en esta condición.

1.2. ¿QUÉ ES EL ASPERGER CIENTÍFICAMENTE?

El síndrome de Asperger es un trastorno del neurodesarrollo determinado por una base biológica y se considera actualmente parte del espectro autista, así como dentro de los trastornos generalizados del desarrollo. Desde 1994 es reconocido por la comunidad científica mundial (Manual Estadístico de Diagnósticos de Trastornos Mentales de la Asociación Psiquiátrica Americana, DSM-IV), sin embargo, sigue siendo poco conocido entre la población general incluso entre profesionales a quienes les compete, generando controversia sobre su etiología, diagnóstico y tratamiento.

Las personas con esta condición muestran dificultades significativas en sus habilidades sociales y comunicativas, así como con la capacidad de representación simbólica. Mientras que conductualmente tienen intereses que se caracterizan por ser restringidos y pueden presentar estereotipias motoras. Tienen formas diferentes de las convencionales para expresar empatía y dificultades para distinguir el lenguaje literal, figurado y la comunicación no verbal en general. La edad de aparición y detección es en la infancia temprana, aunque muchas de las características del síndrome se hacen notorias en fases más avanzadas del desarrollo, ya que las habilidades de interacción social comienzan a desempeñar un papel más central en la vida del individuo.

La persona con Asperger presenta un estilo cognoscitivo distinto. Su discapacidad no es evidente, sólo se manifiesta a nivel de comportamientos sociales inadecuados, proporcionándole a ella y a sus familiares dificultades en todos los ámbitos. Es una condición muy heterogénea, a pesar de que en cada persona se manifiesta de forma parecida al inicio del desarrollo; posteriormente adquiere características particulares. Sin embargo, algunas de ellas son las siguientes:

- Socialmente torpe y difícil de manejar en su relación con otros niños y/o adultos.
- Ingenuo y crédulo.
- A menudo parece presentar apatía hacia los sentimientos e intenciones de otros.
- Tiene dificultades para iniciar y mantener el ritmo recíproco de una conversación.
- Se altera fácilmente por cambios en rutinas y transiciones.
- Interpreta y se expresa de manera literal.
- Hipersensibilidad sensorial (sonidos fuertes, colores, luces, olores o sabores).

- Fijación en un tema u objeto del que puede llegar a ser auténticos experto.
- Torpe físicamente en los deportes.
- Incapacidad para hacer o mantener amigos de su misma edad.
- Memoria inusual para detalles.
- Problemas para comprender cosas que ha oído o leído.
- Patrones de lenguaje poco usuales.
- Habla en forma extraña o pomposa.
- Voz muy alta o monótona.
- Tendencia a balancearse, inquietarse o caminar mientras se concentra.

El conocimiento de las características mencionadas anteriormente es el producto de investigaciones sobre este trastorno. Sin embargo, uno de los pioneros que describió estas características fue Hans Asperger, padecimiento al que llamó **psicopatía autística**.

Descripciones del síndrome de Asperger

Hans Asperger (1944)

En su descripción clásica y pionera, que se mantiene hasta la actualidad, Hans Asperger resaltó lo siguiente:

1. El trastorno comienza a manifestarse alrededor del tercer año de vida del niño o, en ocasiones, a una edad más avanzada.
2. El desarrollo lingüístico del niño (gramática y sintaxis) es adecuado y con frecuencia avanzado.
3. Existen deficiencias graves con respecto a la comunicación pragmática o uso social del lenguaje.
4. A menudo se observa un retraso en el desarrollo motor y una torpeza en la coordinación motriz.
5. Trastorno de la interacción social: incapacidad para la reciprocidad social y emocional.
6. Trastorno de la comunicación no verbal.

Lorna Wing (1988)

En una descripción más contemporánea, Lorna Wing agrega otras características:

1. Algunas de las anomalías comienzan a manifestarse en el primer año de la vida del niño.
2. El desarrollo del lenguaje es adecuado, aunque en algunos individuos puede existir un retraso inicial moderado.
3. El estilo de comunicación del niño tiende a ser pedante, literal y estereotipado.
4. El niño presenta un trastorno de la comunicación no verbal.
5. El niño presenta un trastorno grave de la interacción social recíproca con una capacidad disminuida para la expresión de empatía.
6. Los patrones de comportamiento son repetitivos y existe una resistencia al cambio.
7. El juego del niño puede alcanzar el estadio simbólico, pero es repetitivo y poco social.
8. Se observa un desarrollo intenso de intereses restringidos.
9. El desarrollo motor grueso y fino puede manifestarse retrasado y existen dificultades en el área de la coordinación motora.
10. El diagnóstico de autismo no excluye el diagnóstico de síndrome de Asperger.

Angel Riviére (1998)

Otra perspectiva contemporánea sobre el síndrome es la que propone Ángel Riviére, la cual se describe a continuación:

1. Trastorno cualitativo de la relación:

   a) Incapacidad de relacionarse con iguales.
   b) Falta de sensibilidad a las señales sociales.
   c) Alteraciones de las pautas de relación expresiva no verbal.
   d) Falta de reciprocidad emocional.

e) Limitación importante en la capacidad de adaptar las conductas sociales a los contextos de relación.

f) Dificultades para comprender intenciones ajenas y especialmente dobles intenciones.

2. Inflexibilidad mental y de comportamiento:

a) Interés absorbente y excesivo por ciertos contenidos.

b) Rituales.

c) Actitudes perfeccionistas extremas que originan gran lentitud en la ejecución de tareas.

d) Muestra interés obsesivo por las partes de un objeto y dificultad para comprenderlo en su totalidad.

3. Problemas de habla y lenguaje:

a) Retraso en la adquisición del lenguaje, con anomalías en la forma de adquirirlo.

b) Empleo de lenguaje pomposo, formalmente excesivo, inexpresivo, con alteraciones prosódicas y características extrañas del tono, ritmo, modulación, etcétera.

c) Dificultades para interpretar enunciados literales o con doble sentido.

d) Problemas para saber "de qué conversar" con otras personas.

e) Dificultades para producir emisiones relevantes a las situaciones y los estados mentales de los interlocutores.

4. Alteraciones de la expresión emocional y motora:

a) Limitaciones y anomalías en el uso de gestos.

b) Falta de correspondencia entre gestos expresivos y sus referentes.

c) Expresión corporal desmañada.

d) Torpeza motora en exámenes neuropsicológicos.

5. Capacidad normal de "inteligencia impersonal".
6. Se manifiestan de manera frecuente las habilidades especiales en áreas restringidas.

7. Desarrollo de comportamientos repetitivos e intereses obsesivos de naturaleza idiosincrásica.
8. Desarrollo de estrategias cognitivas sofisticadas y pensamientos originales.
9. Pronóstico positivo con posibilidades altas de integración en la sociedad.

1.3. ¿QUÉ ES EL ASPERGER PARA QUIENES HAN CONVIVIDO CON PERSONAS QUE VIVEN CON SA?

En la recopilación de definiciones sobre el SA, las personas que conviven con personas con estos individuos, coinciden al comentar esta condición como se describe a continuación:

- Son personas que viven una realidad diferente, tienen la capacidad de adaptarse si reciben un entrenamiento adecuado.
- Sus conductas básicas son aprendidas, con la capacidad nata para vivir con valores de una forma más real y auténtica.
- Es una condición de vida, digna y respetable.
- Es un estado único de vida que permite escalar estelas de conocimiento que trascienden la simple realidad.
- Es una característica especial de vida que permite el desarrollo potencial de capacidades.
- El Asperger es un pájaro que puede volar a mundos infinitos, sin embargo la sociedad le corta las alas.
- El Asperger es auténtico porque no imita a los demás.
- Son personas sin malicia, ingenuas y blanco de abusos de personas que desconocen el tema.
- La persona que lo padece no siempre se percata de su condición y cuando es consciente de ello sufre por saber que tiene limitantes para relacionarse con quienes la rodean.
- Es un golpe a la autoestima de los padres, al perder la esperanza de tener un hijo normal y sus expectativas para su futuro.
- Son un aprendizaje valioso para el mundo "normal".

1.4. ¿QUÉ ES EL ASPERGER PARA LOS *ASPIS*?

Una excelente invitación para conocer más de cerca el increíble mundo Asperger es conocer lo que ellos opinan. De acuerdo con el autorreporte de personas que padecen el síndrome, éste se puede ver desde otra perspectiva. Al preguntarles qué es el síndrome de Asperger, respondieron lo siguiente:

- Dicen algunos especialistas que el autismo y el Asperger son un "defecto de nacimiento", en mi opinión es absurdo que lo tomen como tal... ¿Son acaso la inocencia y la buena voluntad un "defecto de nacimiento, una "anomalía"?, ¿o un defecto en las llamadas "neuronas espejo"?
- A menudo, mirando al vacío, y en mis ratos de soledad, le pregunto a mi mente; ¿En qué piensas?... Con frecuencia no me contesta, y cuando lo hace, la lucidez que creía perdida vuelve a mí. Para los demás estos momentos son cuando estoy en "mi propio mundo", cuando en realidad es mi manera de interactuar con el mundo que está a mi alrededor.
- El Asperger es una burbuja que sella en su interior el alma buscando protegerla del agua, pero tarde o temprano la luz dentro de ella debe salir, y al no poder abrir la burbuja hermética, con energía sale del mar y brilla más allá de la superficie hacia el horizonte.
- Es como si mi cerebro estuviera entumido y trabajara de forma automática, mis sentidos captan todo, mis ojos, mis oídos, el tacto; podría decirse que el problema es que mi cerebro se siente como sumido en agua.
- Es como si se interpusiera una barrera alrededor de mi cerebro, en los nervios de los ojos y oídos, a veces también de las manos y otras partes del cuerpo, aunque en sí es algo más generalizado, de todo el cuerpo, como si estuviera flotando en una burbuja; es algo realmente muy difícil que entiendan.
- El Asperger se siente cómodo. En su mundo siente un placer hermoso aunque no tenga control de sus acciones, el problema llega a la inevitable hora de socializar.
- Las dificultades sociales nunca se me quitan, aunque sí disminuyen.

- Mis intereses son diferentes porque vivo por ellos, les soy fiel, y no descanso hasta lograrlos.
- Asperger es que te cuesta trabajo expresar lo que piensas y sientes.
- Un pie dentro y otro fuera eso es lo que es el Asperger.
- Se me ocurre que es la manera de ser.
- Asperger es una pequeña diferencia con respecto a los demás. Yo parezco como cualquier otra niña, pero pequeños detalles me dejan atrás.
- Es un lenguaje que pocos "normales" tienen la capacidad de comprender.
- Tenemos la consigna de tener que aprender a vivir a la manera de los neurotípicos.
- Qué difícil es comprender las emociones, intenciones e intereses de los demás.
- Somos auténticos, tendemos a buscar la verdad y no fingir.
- Tememos el rechazo, por eso nos aislamos. Somos humanos con sentimientos y que nos ignoren o hieran, duele tanto.

1.5. ¿QUÉ ES EL ASPERGER PARA CARITAS DE AMISTAD, A. C.?

En Caritas de Amistad, A. C. no nos detenemos a profundizar sobre qué es el síndrome de Asperger, sino en quiénes son las personas que viven en esta condición. Se concluye que son seres nobles, auténticos, con grandes capacidades y virtudes; seres que brindan un aprendizaje diario y una gran lección de vida a una sociedad que se encuentra discapacitada al no comprenderlos, aceptarlos y brindarles el derecho a una inclusión integral. Por lo cual, nuestros lemas son:

Busquemos coincidencias más que diferencias.
Los chicos *Aspis* viven en nuestro mundo, pero a su manera.

EVALUACIÓN DIAGNÓSTICA DEL SÍNDROME DE ASPERGER

SALVADOR ZEPEDA ESQUIVEL

Capítulo 2

2.1. INTRODUCCIÓN

Elías fue un bebé esperado con grandes anhelos. Ante la noticia de su nacimiento, sus padres empezaron a imaginar cómo sería la convivencia con él cuando llegara; se crearon las expectativas que cualquier padre tiene derecho a anhelar. Muchas de éstas se llevaron a cabo en las primeras etapas del desarrollo del niño; sin embargo, conforme Elías fue creciendo empezaron a generarse cambios en su desarrollo que modificaron drásticamente el rumbo de él y de su familia. Los grandes anhelos que se habían creado tuvieron que ser cambiados de un momento a otro por algo desconocido, que jamás imaginaron que existiera y que, sin embargo, tenían que aceptar.

Elías tuvo un desarrollo aparentemente normal hasta los nueve meses de edad, no parecía haber nada fuera de lo común en él, nada que llamara la atención de sus padres o de las personas con las que convivía. Fue después de esta edad cuando los papás empezaron a notar detalles que sugerían que Elías era diferente. Sin embargo, decidieron ignorar esos "avisos o alertas" acudiendo a la idea de que posiblemente esto era temporal y lograría una madurez acorde con su edad cronológica con el transcurso del tiempo.

Después, de los 18 a 24 meses de edad, el desarrollo de Elías pareció detenerse. Antes era un bebé sonriente y alerta que intercambiaba cosas, compartía situaciones, estaba ahí; después, parecía estar preocupado por cosas como un adulto, manifestaba malestar emocional intenso que no era de

25

esperarse a su edad. De pronto pareció sordo al lenguaje, empezó a ignorar las llamadas de los demás, parecía que ignoraba propositivamente a las personas y evitaba las interacciones.

Empezó a parecer mudo y a no pronunciar las palabras que ya usaba, lo que había sido construido se derrumbaba, como la aparición de un cataclismo en el desarrollo, y en sus padres se generó el sentimiento de que Elías se había ido a otro lugar. Ellos sintieron que él se alejaba, ahora era indiferente a todo, sin respuesta hacia los demás, como si no existieran.

Aunque lo veían físicamente, para ellos el niño parecía que no estaba, su mundo era diferente. Los intentos para relacionarse con él terminaban en frustración, en sentimientos de desconcierto e impotencia, de opacidad, impredictibilidad y, como consecuencia, malestar al creer que eran tan malos padres que ni siquiera podían interactuar con su hijo. Esto empezó a preocuparlos y comenzaron a buscar ayuda profesional, sin saber que era el inicio de una lucha que duraría toda la vida, hasta que por primera vez un profesional les dijo que su hijo tenía un trastorno que se encontraba dentro del espectro autista.

Esta es una de las tantas historias típicas que, con variaciones, se repiten cuando se diagnostica que una persona tiene ya sea un Trastorno Generalizado del Desarrollo (TGD) o un Trastorno del Espectro Autista (TEA); también se dice que una persona se encuentra dentro del espectro autista. Ambos trastornos son dos clasificaciones de un grupo de alteraciones que comparten características sintomatológicas como alteración cualitativa en la socialización, en la comunicación y en la simbolización. De forma general, se caracterizan por una afectación implacable y significativa del desarrollo en esas áreas (TGD) con diferente grado de alteración en cada una de ellas (TEA). El objetivo de esta sección es brindar una visión general sobre el proceso diagnóstico del Trastorno Generalizado del Desarrollo del tipo síndrome de Asperger.

2.2. EL SÍNDROME DE ASPERGER COMO TRASTORNO GENERALIZADO DEL DESARROLLO (TGD) Y COMO TRASTORNO DEL ESPECTRO AUTISTA (TEA)

En el DSM-IV (APA, 1994), que es el manual para elaborar diagnósticos utilizado a nivel internacional, se enlistan cinco formas de TGD:

Trastorno autista (Ta), Trastorno o Síndrome De Rett, Trastorno Des-integrativo Infantil, Trastorno o Síndrome de Asperger y Trastorno Generalizado del Desarrollo no Especificado (autismo atípico). El término *trastorno* se usa a lo largo de esta clasificación para evitar los problemas que plantea utilizar otros conceptos como *enfermedad* o *padecimiento*. Aunque *trastorno* no es un término preciso, se usa para señalar la presencia de un comportamiento o de un grupo de síntomas identificables en la práctica clínica, que en la mayoría de los casos se acompañan de malestar o interfieren en la actividad del individuo.

En esta clasificación se presupone que es posible hacer una clara diferenciación entre los diferentes cuadros que la componen y que son entidades separadas que sólo tienen en común el compartir la sintomatología central en las tres áreas mencionadas. Por otro lado, en el concepto de Trastornos del Espectro Autista se presupone una alteración diferencial en la comunicación, socialización y simbolización, que da como resultado un nivel de funcionamiento diferente.

Asimismo, se conceptualiza el autismo como un continuo en donde se localizarían en un extremo trastornos como el Síndrome de Rett y en el otro extremo síndromes como el Asperger; la ubicación en ese continuo está determinada por el grado de afectación en las áreas de alteración mencionadas. Este constructo explica la naturaleza de los TGD usando la idea de continuo o espectro como analogía con el arco iris, donde encontramos una gama de tonalidades en cada color, sin poder distinguir dónde termina y comienza otro tono. En el caso del espectro autista, los síntomas se encontrarían en ese continuo con diferentes tonalidades sin poder establecer categorías claramente distinguibles.

El concepto de Espectro Autista se origina en un estudio realizado por Lorna Wing y Judith Gould durante 1979 en Londres, en el cual comprobaron la manera en que los rasgos autistas no sólo estaban presentes en personas autistas sino también en otros cuadros de trastornos del desarrollo. Buscaban deficiencias importantes en las capacidades de interacción social y encontraron que en una población de 35 000 sujetos menores de 15 años, éstas se daban en una proporción de 22.1 por cada 10 000, mientras que el autismo nuclear sólo en 4.8 por cada 10 000.

De este estudio se extrajeron importantes conclusiones y derivaciones, así se constata el autismo como un continuo más que una categoría diagnóstica, como un conjunto de síntomas que se puede asociar a distintos trastornos y niveles intelectuales. Lorna Wing desarrolla la famosa "tríada de Wing", que enumera las tres dimensiones principales alteradas en el continuo autista, en la que posteriormente se añadieron los patrones repetitivos de actividad e intereses.

1. Trastorno de la reciprocidad social.
2. Trastorno de la comunicación verbal y no verbal.
3. Ausencia de capacidad simbólica y conducta imaginativa.

La vinculación del síndrome de Asperger con el Trastorno autista se debe a que comparten conductualmente la sintomatología (fenotipo conductual). Sin embargo, en la actualidad, con la información que se tiene no se sabe si comparten la misma causa (etiología). Desde la perspectiva lingüística los chicos con TEA presentan alteraciones semántico-pragmáticas del lenguaje en las que se involucra la cognición social.

Antes de abordar el proceso de diagnóstico diferencial del SA, es recomendable saber cuál es la utilidad de tener un diagnóstico acertado de este síndrome o de cualquier otro padecimiento. Diagnosticar se refiere a determinar el carácter de una enfermedad mediante el examen de sus signos; la diagnosis es el conocimiento diferencial de las enfermedades. En la actualidad es una necesidad por varias razones, entre ellas:

1. *Vinculación de la psicología con el enfoque médico.* El diagnóstico es una herencia de la medicina a la psicología en donde se hace necesario evaluar clínicamente para establecer si se presenta una enfermedad o trastorno conocido.
2. *Tratamiento adecuado y explotación del conocimiento previo.* Al presentarse una enfermedad conocida de la cual se tiene información previa sobre el tratamiento más adecuado y efectivo, se aprovecha este conocimiento, por lo que al tener un diagnóstico acertado se ahorra tiempo.
3. *Investigación.* Un diagnóstico certero ayuda a realizar investigación sobre algún padecimiento y genera más información empírica para resolver problemáticas relacionadas con el trastorno.

4. *Social.* Al tener diagnósticos certeros, se sabe más sobre aspectos epidemiológicos, desde su prevalencia en la población, distribución geográfica, hasta su comorbilidad, etc. De esta manera se puede ver su impacto social para tomar medidas gubernamentales, establecer líneas de acción y dar apoyo.

5. *Certidumbre a la familia sobre el problema de su familiar.* Cuando los allegados no tienen la certeza de cuál es el problema de su familiar o la causa de sus problemáticas, tienen incertidumbre sobre su propio desempeño como padres, que a la larga genera mucha ansiedad, sentimientos de culpa, etcétera.

2.3. EJEMPLOS DE DIAGNÓSTICO DEL SÍNDROME DE ASPERGER

Para una visión amplia acerca del proceso usual de intervención diagnóstica, se describen a continuación dos casos de personas que fueron evaluadas en Caritas de Amistad, A. C.

El primer caso trata de un niño y el segundo de un adulto.

Primer caso

Ernesto acude acompañado de sus padres a la asociación, tiene tres años y nueve meses de edad. Los padres requieren que se realice una evaluación que confirme o descarte el diagnóstico de síndrome de Asperger, a raíz de indicadores que detectó la maestra de preescolar.

Ernesto fue producto de primera gesta, deseado y planeado, fue un embarazo y parto sin complicaciones. Algunas conductas extrañas que la madre manifiesta haber observado son:

Era selectivo con los alimentos, muchos de ellos no los quería probar nunca (papaya, chícharo, calabaza, papa, zanahoria). Al año tomó clases de natación, pero no se observaron avances durante el desarrollo de la actividad e incluso le molestaba que lo pusieran bocarriba y su respuesta era de llanto y gritos constantes. Durante este periodo aparece un tipo de rutina; cada vez que a Ernesto se le iba a cambiar el pañal él no lo permitía hasta que seguía el ritual de tomar una bolsa donde guardaba algunos de sus juguetes, luego los distribuía en el cambiador y, si no cabían, los distribuía en su cama. Al término del cambio del pañal, los regresaba a la bolsa.

En cuanto al área social, Ernesto no era expresivo; se mostraba serio y casi no reía. Seguía a su mamá todo el tiempo y era casi imposible separarse de ella, cuando esto sucedía inmediatamente comenzaba a llorar y sólo ella podía calmarlo. Sólo permitía acercamientos con sus padres, no dejaba que extraños lo tocaran ni accedía a jugar con los niños. Se entretenía por largos periodos con dos juguetes con los cuales tenía conductas repetitivas, el primero era un carrusel musical con melodías y luces. Oprimía los botones sin esperar que terminaran las melodías. El segundo juguete era un carro, al cual se le jalaba un cordón y giraban las ruedas, pero no dejaba que corriera en el suelo.

Con la esperanza de que socializara y dejara el apego materno, lo llevaron a una guardería. Durante su estancia (tres meses) la profesora reportó que Ernesto mordía, golpeaba y arañaba a sus compañeros; estos comportamientos los repetía en casa con su mamá cada vez que le llamaba la atención. Ernesto inició terapia de juego desde los dos años tres meses, tiempo en que la madre tuvo que permanecer a su lado durante cinco meses, de lo contrario el niño rompía en llanto. Sus juegos se centraban en ordenar y desordenar juguetes.

En cuanto a la comunicación, a los ocho meses de edad dijo su primera palabra: *mamá*, y cuando aprendió a decir *papá*, dejó de decir la primera. Al año Ernesto seguía sin hablar y sólo había agregado la palabra *agua*, a las palabras que ya sabía pronunciar les daba un uso adecuado, sin embargo lo hacía por temporadas, pues en una semana decía *mamá*, *agua*, y dejaba de hacerlo dos meses para luego decir *papá*. Actualmente ha incrementado su vocabulario.

¿Cómo fue el proceso diagnóstico?

Para comenzar con la evaluación, se realiza una entrevista inicial para conocer parcialmente el motivo de la consulta y establecer hipótesis sobre el problema.

En caso de niños pequeños comúnmente se hace el diagnóstico diferencial sobre Trastorno Generalizado del Desarrollo de alto funcionamiento o Autismo, síndrome de Asperger, trastorno por déficit de atención con hiperactividad, trastorno de comunicación semántico-pragmático. Para recopilar información es común que se siga un procedimiento, que consta de los siguientes elementos:

• Entrevista de desarrollo y de la situación actual.
• Pruebas psicométricas:

  a) Neuropsicológica: Cuestionario de maduración neuropsicológica infantil , CUMANIN (Portellano y cols.).
  b) Cognitivas: Escala de inteligencia para los niveles preescolar y primario, WPPSI-Español.
  c) Lenguaje expresivo: Test Illinois de Aptitudes Psicolingüísticas, ITPA.
  d) Lenguaje comprensivo: Test de vocabulario en imágenes, PEABODY.

• Escalas observacionales:

  a) Hiperactividad, trastornos conductuales, déficit de atención: escalas para la evaluación del trastorno por déficit de atención con hiperactividad, EDAH.

• Detección y diagnóstico del síndrome de Asperger y otros trastornos generalizados del desarrollo:

  a) ASSQ. Cuestionario de exploración del espectro del autismo de alto funcionamiento (The high-functioning Autism Spectrum Screening Questionnaire) (Ehlers, Gillberg y Wing, 1999).
  b) CAST. El Test infantil del síndrome de Asperger (The childhood Asperger Syndrome Test) (Scott, Baron-Cohen, Bolton, Brayne, 2002).
  c) ASDI. Entrevista para el diagnóstico del síndrome de Asperger. (Asperger Syndrome Diagnostic Interview) (Gillberg y cols., 2001).
  d) I.D.E.A. Inventario de Espectro Autista (Riviére, 1997).

e) Criterios Diagnósticos: CIE 10 (F84.5). Síndrome de Asperger; DSM IV (American Psychiatric Association, 1994). Trastorno de Asperger [299.80].

¿Qué se encontró?

Como un caso típico de síndrome de Asperger, los perfiles neuropsicológico, intelectual y de aptitudes psicolingüísticas de expresión y recepción de la información, coincidieron con lo que se puede esperar para el síndrome de Asperger. Esto es, un desempeño normal o por arriba de lo normal en su capacidad intelectual y en relación con el promedio de niños de su edad, habilidades mayores en cuanto al procesamiento de la información que ingresa por el canal visual, pero debilidades en la organización perceptual. Y, además, desempeño menor en el desarrollo psicomotor y en la aplicación práctica de la información acumulada, que repercute en el desempeño de las relaciones sociales. Estos fueron indicios de la presencia de características intrínsecas que se manifiestan en este tipo de síndrome.

Por otro lado, a partir de la información aportada por las personas que conviven con el niño, se tuvieron indicios de que venía presentado un repertorio conductual correspondiente al síndrome de Asperger, principalmente en la tríada del espectro autista: problemas en la interacción social; problemas en la comunicación, con problemas en la semántica y pragmática de la información almacenada; problemas en la imaginación y juego que repercuten en intereses restringidos y el apego a rutinas. Esta sintomatología se mostró en las escalas aplicadas. Para el diagnóstico, se observó que Ernesto cumplió con los criterios de los manuales de diagnóstico DSM-IV y el CIE-10. De esta manera se concluyó que el evaluado presentaba conductas en intensidad y frecuencia para ser considerado una persona con síndrome de Asperger.

Segundo caso

Marco, de 43 años de edad, acude acompañado de sus familiares a la institución, ellos solicitan que se lleve a cabo una impresión diagnóstica profunda, ya que nunca se le ha realizado. Cabe mencionar que Marco no ha recibido ningún tipo de terapia, por lo que ha pasado la mayor parte del tiempo en casa. Los familiares señalaron que conocen otras personas con algún tipo de discapacidad y les parece que el caso de él es totalmente diferente, ya que sus intereses e integración social varían notablemente.

Les desconcierta la falta de motivación para la interacción social así como la persistencia por tener conductas que sólo guardan sentido para él. Tiene intereses y comportamientos obsesivos, no le gusta que toquen sus cosas o las cambien de lugar, quiere ver sus películas hasta altas horas de la noche. Aun con medicamento padece insomnio por lo que en el día gran parte del tiempo se la pasa dormitando. Hace bolitas de papel y las guarda en sus bolsillos o lugares específicos dentro de casa, compra revistas y no quiere dejar de adquirir ninguna para su colección; lo más extraño es que muchos de estos artículos de colección los conserva en su paquete sin abrirlos.

En cuanto al cuidado personal, no tiene el interés por cuidar su aliño. Fuera de casa el problema más frecuente es que le cuesta mucho trabajo interactuar con personas ajenas, pedir información, iniciar o mantener una conversación y mirar a los ojos. Mucha de la información respecto al desarrollo del problema no se tiene, ya que Marco no estuvo con la madre en un periodo de su niñez. Lo poco que se sabe es que cuando era niño, al parecer, tuvo un desarrollo normal hasta la edad de siete años cuando ingresó, tardíamente, a la primaria.

En su niñez jugaba todo el tiempo con su hermano menor y no se reportaban indicadores de alteraciones en su desarrollo. Al ingresar a la primaria es cuando se comienzan a detectar problemas que estaban circunscritos a su desempeño académico. Después de llevar a cabo una evaluación psicométrica, le indican a la madre que el niño tiene necesidades educativas especiales y que requiere educación especial. Es entonces que los hermanos se tienen que separar, a raíz de esta situación se comienzan a detectar problemas de otra índole en Marco. Cada vez se le nota más aislado y retraído.

Aunque los familiares no perciben anomalías en el desarrollo de Marco hasta la separación de su hermano, sí se observan algunas peculiaridades en su comportamiento, por ejemplo, indica la madre que desde pequeño, casi a los siete años, el niño se interesaba por revistas y siempre pedía de manera insistente que se le comprara una; tenía un interés obsesivo.

Antes de la adultez, Marco se pasaba haciendo cosas repetitivas y de la misma manera todo el tiempo. Parecía tener una memoria excepcional para los detalles. Intentaba imponer sus rutinas e intereses sobre los demás de modo que causaba problemas. Dentro de sus rutinas, describen que al levantarse comienza a mirar a todos lados para verificar que no hayan movido las cosas, busca que todo esté igual. Los familiares lo describen como enemigo del cambio; con "una mente rígida" y desintereses sociales, poca comunicación y gran aislamiento.

¿Cómo fue el proceso diagnóstico?

Aunque se sigue aproximadamente el mismo procedimiento para la evaluación diagnóstica de un adulto que la descrita en el caso uno, existen variaciones en cuanto al tipo de pruebas que se aplican, ya que en personas adultas, y principalmente sin tratamiento oportuno, existe una historia de vida de por medio y a veces se agregan síntomas de trastornos comórbidos (asociados).

El proceso típico en el caso de los adultos consiste en recopilar información a partir de dos fuentes: exploración clínica y evaluación psicométrica.

En la exploración clínica se llevó a cabo una entrevista inicial para detectar los principales problemas del paciente, aplicándola también a su familia. Posteriormente, con los familiares se realizó otra entrevista acerca del desarrollo, y con el evaluado una entrevista psiquiátrica. En la entrevista del desarrollo se trata de establecer la evolución del problema actual y obtener información acerca de la historia clínica del evaluado y valorar el desarrollo en áreas de interacción social, el lenguaje y la comunicación, el juego y los patrones de conducta desde una perspectiva evolutiva. En este proceso se indaga la presencia de indicadores de riesgo en los antecedentes familiares-ambientales y en los antecedentes personales-intrínsecos. También se recopiló información clínica acerca de la situación actual de acuerdo con lo que observan las personas que lo rodean y mediante la observación conductual estructurada dentro de la institución Caritas de Amistad, A. C.

La evaluación psicométrica tiene como objetivo obtener un índice de la capacidad intelectual, un índice de lenguaje verbal expresivo y receptivo, información sobre las habilidades pragmáticas de la comunicación e información sobre la conducta. Para esto se utilizaron pruebas psicométricas y escalas observacionales. Una vez recopilada la información se realizó un diagnóstico diferencial. Para ello se cotejaron los resultados de dichas pruebas y de la conducta observada con los criterios diagnósticos de la DSM-IV y el esquema de diagnóstico multiaxial (Manual Diagnóstico y Estadístico de las Enfermedades Mentales 4a. Edición, de la American Psychiatric Association, APA, 1994). Finalmente, se realizó la integración del informe.

Los instrumentos y medios a partir de los cuales se recopila información para diagnóstico diferencial del síndrome de Asperger en adultos son los siguientes:

• Entrevista inicial, entrevista del desarrollo y entrevista psiquiátrica.
• Pruebas psicométricas:

– **Funcionamiento cognoscitivo general:**

  ♦ MMSE-Mini-Examen Cognoscitivo (Folstein y cols, 1975).

– **Perfil neuropsicológico:**

  ♦ Neuropsi: Atención y Memoria (Ostrosky, Gómez, Matute, Rosselli, Ardila y Pineda 2007).

– **Índice de funcionamiento cognitivo:**

  ♦ Escala Wechsler de Inteligencia para Adultos III (WAIS-III).

– **Índice de lenguaje receptivo:**

  ♦ Test de vocabulario en imágenes (PEABODY de Dunn *et al.*, 2006).

– **Exploración de síndrome de Asperger.**

♦ Cuestionario de exploración del espectro del autismo de alto funcionamiento (The high-functioning Autism Spectrum Screening Questionnaire, ASSQ) (Ehlers, Gillbert y Wing, 1999).

♦ El Test infantil del síndrome de Asperger (The Childhood Asperger Syndrome Test, CAST) (Scott, Baron-Cohen, Bolton, Brayne, 2002).

– **Evaluación del síndrome de Asperger:**

♦ Escala Gilliam para evaluar trastorno de Asperger (GADS).

♦ Escala de Ritvo para Asistir el Diagnóstico de Síndrome de Asperger en Adultos (RADDS).

♦ Inventario del espectro autista (IDEA) de Riviére 2003.

♦ Criterios diagnósticos del DSM-IV para Trastorno de Asperger 1994.

La evaluación del síndrome de Asperger se basa en el uso de escalas observacionales en las que se usa principalmente la observación conductual, es por eso que el diagnóstico es a partir de la observación directa del individuo durante la evaluación. La aplicación de pruebas ayuda a comparar su desempeño con otros individuos y establecer hipótesis sobre el posible padecimiento y el diagnostico diferencial.

¿Qué se encontró?

En la entrevista psiquiátrica se nota que el paciente evade su problema, indica que no sabe por qué lo trajeron, señala que el único problema que tiene es que se le dificulta lo académico. Es posible hacer una conversación sencilla con él, ya que es capaz de responder a preguntas simples aunque con poca precisión en la información. Ante muchas de las preguntas dice que no se acuerda, pero en otras sí manifiesta atención a detalles, lo cual indica que rescata o guarda sólo la información que a él le parece importante. En la entrevista presenta respuestas como: "no sé" o "pues más o menos". Se muestra inseguro, desmotivado y con baja autoestima.

En la historia del desarrollo del paciente se detectan factores de riesgo para síndrome de Asperger, que están presentes hasta la época actual. Estos resultados se corroboran con los distintos tests aplicados. El evaluado presenta déficits en el área adaptativa, pero no son explicados por las alteraciones características del síndrome de Asperger. La alteración en el desarrollo de habilidades adaptativas se debe a déficits en el procesamiento cognoscitivo detectado. Por otro lado, mucho del ambiente que ha rodeado al paciente ha exacerbado los problemas; la falta de un ambiente estimulador de esas habilidades, el ingreso tardío a la escuela, una estructura familiar disfuncional, etc. En conclusión, el sujeto presenta un trastorno clínico, síndrome de Asperger, y desarrollo limitado en las habilidades adaptativas debido a los déficits cognoscitivos detectados y factores ambientales presentes.

Como se podrá observar en las historias antes mencionadas, el diagnóstico diferencial del síndrome de Asperger es particularmente complicado, debido a un conjunto de aspectos que más adelante se mencionan. Respecto a éste, las historias recopiladas son de personas que han sido diagnosticados con SA, quienes a pesar de que en general parecen niños muy diferentes comparten en común alteraciones cualitativas de la interacción social, de la comunicación, la imaginación y el juego o simbolización.

El proceso del diagnóstico diferencial del SA inicia cuando los padres acuden a consultar sobre la problemática manifestada por sus hijos principalmente en la socialización y en la conducta. Como se puede observar en las historias mencionadas, a veces ni los profesionales proporcionan información para que los padres tomen decisiones adecuadas y muchas veces perciben otro trastorno o problemas debidos a variables ambientales (timidez, retraimiento, etc.).

El diagnóstico del SA es preponderantemente clínico, es decir, no existe una prueba biológica (electroencefalograma, tomografía, etc.), que nos diga si la persona posee o no el trastorno, todo se hace a partir de la observación del comportamiento bajo criterios diagnósticos internacionales (DMS-IV, CIE-10).

El diagnóstico del SA es particularmente complicado por varias razones. A continuación se mencionan algunos elementos básicos que se recomienda siempre considerar al realizar el diagnóstico diferencial:

1. *Es un cuadro heterogéneo.* La presencia del trastorno en un individuo está subordinada, como en cualquier otra persona, a variables ambientales y personales o intrínsecas; éstas contribuyen a que en cada caso se manifieste el síndrome y se mezcle con estas variables de forma muy diferente o heterogénea, es por eso que se dice que no hay dos personas Asperger iguales, todas son diferentes a pesar de que comparten una alteración cualitativa en la tríada de Wing.

2. *La etapa del desarrollo en que se encuentra el individuo enmascara síntomas.* Los síntomas pueden ser manifiestos o más sutiles de acuerdo con la etapa del desarrollo o la edad de la persona. Por ejemplo, a edad temprana pueden ser muy claros los intereses obsesivos por objetos o temas, mientras que en edades mayores éstos pueden no ser tan manifiestos y simplemente verse como una cantidad de objetivos restringidos o una variabilidad de intereses limitada.

3. *Según la edad, se pueden agregar cuadros comórbidos.* Conforme la persona avanza en edad, es común que se aparezcan cuadros comórbidos como depresión, ansiedad, agresividad, etc. que dificultan el diagnóstico.

4. *Existe un traslape y coexistencia de síntomas con otros trastornos.* Existen síntomas que se comparten con otros trastornos, con los cuales hay que ser cuidadoso para no errar el diagnóstico, por ejemplo las conductas obsesivas e intereses idiosincrásicos, como en el caso del trastorno obsesivo compulsivo (TOC); falta de interés por relacionarse con las personas como en la depresión; dificultades para seguir una conversación como en el caso de las personas con trastorno por déficit de atención (TDA).

Es recomendable que el diagnóstico se lleve a cabo por un equipo multidisciplinario, sin embargo, en la realidad de las instituciones en México, debido a la falta de recursos, el diagnóstico se hace a través de observaciones rápidas y tiene el carácter de impresión diagnóstica. Se recomienda que sea un proceso exhaustivo, si se cuenta con los recursos (humanos y de tiempo).

Al no contar con éstos, se recomienda que sea una exploración rápida pero extensa que abarque la mayor cantidad de elementos, que ayude a identificar los problemas actuales manifestados en diferentes contextos, que detecte el momento de aparición de estos problemas desde una perspectiva evolucionista (de desarrollo), y ver al evaluado en más de una ocasión, con monitoreo continuo para observar su progreso. Si no se logra tener un diagnóstico preciso, se recomienda comenzar tratamiento atendiendo los déficits detectados en una evaluación de fortalezas y debilidades.

También se recomienda recopilar información mediante un proceso meticuloso que permita identificar el proceso evolutivo en los hitos del desarrollo temprano del evaluado y su situación actual. La evaluación con el objetivo de diagnóstico diferencial puede incluir como fuentes de información:

1. Una entrevista estructurada acerca de la situación actual y sobre la historia del desarrollo.
2. Una exploración de signos neurológicos blandos, la cual nos ayuda a identificar la posibilidad de organicidad o presencia de signos de inmadurez, deterioro o disfunción difusa del sistema nervioso.
3. Una evaluación psicométrica en que se obtenga información sobre el funcionamiento cognoscitivo, el índice de lenguaje expresivo y el índice de lenguaje receptivo.
4. Obtener un perfil neuropsicológico (dinámica de procesamiento de información en procesos perceptivos, memoria, atención, funciones ejecutivas, etc.).
5. Evaluación de la conducta con instrumentos estandarizados y observación directa.
6. Incluir instrumentos exploratorios e instrumentos confirmatorios para evaluar el síndrome de Asperger u otros trastornos, así como observación directa con guías observacionales a lo largo de la evaluación.

El diagnóstico diferencial es la etapa final de todo el proceso de la evaluación diagnóstica, en la cual se diferencia una enfermedad de otra u otras con las que comparte una serie de síntomas.

El primer elemento que se tiene que considerar para hacer un diagnóstico diferencial del síndrome de Asperger es tomar como referencia la etapa de desarrollo en que se encuentra el evaluado. Las etapas de desarrollo vital se pueden dividir en tres:

1. Infancia temprana y niñez (aproximadamente entre dos y siete años).

2. Final de la infancia y adolescencia (siete a los 18 años de edad).
3. La adultez (más de 18 años).

Dependiendo de alguna de éstas, el diagnóstico diferencial se lleva a cabo con diferentes cuadros, porque son con los que comúnmente comparte síntomas; sin embargo, dependiendo del caso, en cualquier etapa se pueden probar hipótesis para descartar o confirmar cada uno de los cuadros mencionados con los que se hace el diferencial.

2.4. DIAGNÓSTICO DIFERENCIAL DEL SA EN LA INFANCIA TEMPRANA Y LA NIÑEZ (DOS A SIETE AÑOS)

En esta etapa, el diagnóstico diferencial es más común que se lleve a cabo con los siguientes cuadros:

1. Trastorno Autista u otro Trastorno Generalizado del Desarrollo.
2. Trastornos del lenguaje o disfasia.

   a) Disfasia de desarrollo expresiva, receptiva o mixta.
   b) Trastorno semántico-pragmático del lenguaje
   c) Trastorno del aprendizaje no verbal (Trastornos del hemisferio no dominante)

3. Trastorno de Tourette.
4. Trastorno por déficit de atención (TDA).

2.5. DIAGNÓSTICO DIFERENCIAL DEL SA EN EL FINAL DE LA INFANCIA Y LA ADOLESCENCIA (SIETE A 18 AÑOS)

Al final de la infancia y la adolescencia el diagnóstico diferencial comúnmente se hace con los siguientes cuadros:

1. Trastornos del espectro de la esquizofrenia.
2. Trastorno de la personalidad.

    a) Trastorno de personalidad esquizotípica.
    b) Trastorno de personalidad esquizoide.
    c) Trastorno de personalidad evitativa.

3. Depresión.
4. Trastorno obsesivo compulsivo.
5. Trastorno de ansiedad.

2.6. DIAGNÓSTICO DIFERENCIAL DEL SA EN LA ADULTEZ (MÁS DE 18 AÑOS)

En la adultez el diagnóstico diferencial es recomendable que se lleve a cabo con los siguientes cuadros:

1. Depresión.
2. Trastorno de personalidad esquizoide o esquizotípica.
3. Trastorno obsesivo compulsivo.
4. Trastorno de ansiedad.

En esta sección se pudieron ver algunos ejemplos de cómo se lleva el diagnóstico diferencial de SA, así como algunas características con las que llegan los pacientes a evaluación y algunas áreas que se toman en cuenta para llevarlo a cabo. Este es un método predominantemente clínico que se sirve de la información aportada por la historia del desarrollo y los puntajes obtenidos en las pruebas psicométricas.

El diagnóstico es sólo la parte inicial de todo el trabajo que se tiene que hacer, es importante no anclar el desarrollo de una persona a un diagnóstico, ya que cada individuo es único, y el diagnóstico tiene la función de indicar el camino a seguir en cuanto a la enfermedad e ir resolviendo algunos problemas para llegar al tratamiento adecuado y específico que se requiera. Un diagnóstico certero para el síndrome de Asperger implica una evaluación con un grupo multidisciplinario.

2.7. PREGUNTAS FRECUENTES ACERCA DEL SÍNDROME DE ASPERGER Y SU DIAGNÓSTICO

¿Debe un chico ser etiquetado?

Cuando un niño presenta un problema en diferentes contextos, se intenta saber cuál es la naturaleza del padecimiento, para eso se realiza una evaluación psicológica o psicométrica, si esta situación es algo conocido se puede llegar a un diagnóstico o impresión diagnóstica. Sin embargo, se debe tener cuidado de que este diagnóstico no se convierta en una etiqueta de los síntomas que muestra el niño; esto se refleja en el momento en que se deja de ver a la persona como tal, con sus características, fortalezas y debilidades y se le ancla a esta dificultad, es decir, no se ve al individuo sino el problema. El diagnóstico, que facilita la intervención, permite encuadrar lo que pasa con el paciente; no debe ser un ancla que impida al individuo desarrollar su potencial sino, por el contrario, debe permitirle conocer sus fortalezas, ayudarle a que, por sus propias características, alcance un desarrollo integral.

¿Cuándo debo decirle a mi hijo que es Asperger?

Esta es una pregunta que depende de muchos factores como la edad, el nivel de consciencia de la persona, los problemas que esté presentando, las inquietudes, entre otros. Sin embargo, hay momentos adecuados a lo largo del desarrollo en que el afectado lo solicita. No es necesario adelantarse a hablar de ese tema si la persona no lo solicita o no tiene ese interés.

Se recomienda que el lenguaje sea sencillo, adecuado y asegurarse de que realmente lo está comprendiendo con base no sólo en los déficits, sino resaltando las fortalezas que se tienen. Entre los factores que se deben contemplar son:

- Estar seguros de que la persona realmente tiene el síndrome, respaldado con un diagnóstico exhaustivo y profesional.

- Si la persona lo solicita.
- Si se va a beneficiar de esa información.
- Si tiene la inquietud por saber.
- Si tiene información inadecuada.

¿Es hereditario el Asperger?

Con la información científica que se tiene en la actualidad acerca de la etiología del síndrome de Asperger, se sabe que existe mayor probabilidad de presentarse en ciertas familias donde miembros de la primera o segunda generación han presentado el trastorno, es por eso que se sabe que tiene un componente genético. Ahora bien, no se puede decir que como tal sea hereditario, es decir, que si una persona tiene el síndrome, automáticamente sus hijos presentarán esta característica. Lo que propicia la aparición del síndrome de Asperger es la presencia del componente genético y las condiciones ambientales que lo disparen.

¿La depresión, ansiedad u obsesiones, son parte del Asperger?

No son inherentes al síndrome; sin embargo se encuentran frecuentemente asociadas como conductas sintomáticas (morderse las uñas, tristeza, cambios de humor, ideas fatalistas, etc.) o trastornos comórbidos (depresión, ansiedad, obsesivo compulsivos y otros trastornos psiquiátricos); sobre todo cuando la persona no ha recibido un adecuado manejo conductual y emocional. Debido a la comorbidad de trastornos como éstos, es necesario llevar a cabo un diagnóstico diferencial para su detección e intervención inmediata. En ocasiones, hay detonantes que indican que es prioritario el tratamiento de esas problemáticas adheridas, más que del propio síndrome de Asperger.

¿El Asperger tiene cura?

No tiene cura, es una condición de por vida. Si se tiene un adecuado manejo integral, se puede pronosticar la disminución de características propias del Asperger, mediante la autorregulación y mejoras en la comunicación. Además, su tratamiento oportuno puede evitar conductas asociadas o trastornos comórbidos (concurrencia entre dos o más trastornos).

¿Tengo la culpa de que mi hijo sea Asperger?

No hay culpables, aunque sí hay responsables de que reciba apoyo a sus necesidades, comprensión y un ambiente familiar basado en amor, pero con límites, así como un trato justo y digno. También se requiere de una búsqueda continua de oportunidades en todos los ámbitos, haciendo siempre la diferencia de que apoyar no es sinónimo de sobreproteger. Debe, además, respetarse su individualidad al reconocerse sus derechos.

¿Todos los Asperger son iguales?

El síndrome se caracteriza por ser muy heterogéneo, esto es, en cada uno de los casos vamos a encontrar muchas diferencias en cuanto a habilidades cognitivas, rasgos de personalidad, habilidades académicas, etc. Como cualquier ser humano con identidad propia, cada persona es única e irrepetible, aun cuando comparta cierta sintomatología.

¿Todas las personas con Asperger tienen una habilidad específica?

Existe el mito de que las personas con síndrome de Asperger son individuos muy inteligentes o que tienen habilidades sobresalientes en algún área específica. Entonces se llega a pensar inmediatamente que la persona con Asperger es un genio, o tiene algún talento oculto que podemos descubrir. Esta idea está sustentada en que muchas personas con Asperger han desarrollado aptitudes específicas, pero esto no es una regla general. En los casos en que dominan un tema o una habilidad, estas características no concuerdan con lo que ocurre con los chicos superdotados, quienes lo hacen con una facilidad natural aunque los chicos con Asperger pueden tener una capacidad natural de este tipo. Este mito se ha originado porque es frecuente que dominen determinadas temáticas por sus intereses restringidos, o que desarrollen habilidades, como el dibujo, la fluidez verbal, los videojuegos o que manejen la información logicomatemática, etc. Sin embargo, no en todos los casos se pueden encontrar tales destrezas en estas áreas.

¿Su CI es siempre alto?

Otra idea vinculada a la pregunta anterior, es que el nivel de funcionamiento intelectual (CI) de las personas con síndrome de Asperger es siempre alto o por encima del promedio, no obstante, esta creencia también es falsa. No todas las personas con el síndrome tienen una capacidad intelectual sobresaliente. Por otro lado, esto no descarta que podamos encontrar personas que tengan un funcionamiento intelectual en toda la amplitud del rango.

Aunque existe controversia, algunos autores hablan de personas con síndrome de Asperger con puntajes de CI por debajo de 60 puntos, sin embargo el DSM-IV-R (2002) no comparte esta hipótesis. Si bien en la actualidad no se tiene información empírica que apoye esta suposición, se piensa que respecto al CI, pueden existir distintos subgrupos con variado nivel de funcionamiento, en donde encontraríamos personas con un nivel superior al promedio y quizá en el nivel limítrofe o con dificultades significativas en las habilidades adaptativas; personas con un funcionamiento cognoscitivo (procesamiento de información) deficiente son poco frecuentes.

¿Cuánto tiempo estará en tratamiento?

Una inquietud muy común, sobre todo de los padres, es saber cuánto tiempo debe durar el tratamiento de una persona con síndrome de Asperger. Es frecuente, después de recibir el diagnóstico el deseo de saber si su hijo siempre estará en tratamiento, si verán resultados de forma inmediata o será un proceso largo. Para responder a estas preguntas se debe tener claro que la duración de un tratamiento está determinada por un conjunto de variables.

Primero; si se está trabajando para disminuir síntomas propios del síndrome u otras patologías comórbidas al trastorno, la duración del tratamiento estará en función de esos objetivos. Si, por el contario, se trabaja con aspectos asociados como ansiedad, depresión, agresión, problemas de atención, problemas de conducta, trastorno obsesivo compulsivo, etc., el tratamiento se enfocará a objetivos y terminará cuando la persona haya logrado autorregular su problema; en cada caso se trabajarán los retrocesos.

En el caso concreto con el síndrome de Asperger, la duración del tratamiento estará limitada de acuerdo con la descripción del propio síndrome. Por definición, el síndrome de Asperger no tiene cura, pero es tratable, lo cual indica que la persona con este padecimiento siempre va a requerir de un apoyo especial, ya sea de forma continua o intermitente. Tratable significa que siempre se puede hacer algo para trabajar este tipo de alteraciones.

Debido a los problemas en la socialización y en la comunicación, lo que se debe lograr es que el paciente mejore en los déficits particulares de cada caso y de acuerdo con las necesidades de cada etapa de desarrollo en que se encuentre (infancia, niñez, adolescencia, adultez temprana, adultez madura y adultez tardía). Lo más recomendable es que en cualquier etapa del desarrollo se trabajen al máximo, en la medida de lo posible y de forma continua, los déficits y retos particulares. Si logra superar estas etapas, la persona alcanzará un grado máximo de autonomía, para que pueda vivir sola, autorregularse y solo requiera visitas con el terapeuta de forma intermitente el resto de su vida. Esta atención intermitente sólo es de monitoreo y para apoyar los retos que se presentan en la vida cotidiana.

¿Debe usar medicamento?

No siempre es necesario, no es una regla que la persona con SA reciba un tratamiento farmacológico, y en el caso de que lo requiera no es el mismo para cada paciente; es decir, en algunos funciona y en otros no, y se desconocen los efectos secundarios tanto a corto como a largo plazo, por lo que es necesario considerar todos los cuidados posibles. Las situaciones en que se recomienda son aquéllas donde los síntomas ponen en peligro la integridad de la persona o la de terceros, así como casos en los que los efectos beneficiosos son mayores que los perjuicios en un contexto determinado.

Cada uno de los casos debe ser valorado en forma individualizada y diferencial por un profesional apto. Tampoco se debe administrar o suspender el tratamiento farmacológico sin supervisión profesional (neurólogo, paidopsiquiatra, psiquiatra). En la mayoría de los casos en que es necesario el tratamiento farmacológico, se recomienda acompañar éste con uno terapéutico para instaurar de forma definitiva los resultados positivos; una vez que ocurre esto, retirar paulatinamente el medicamento bajo supervisión.

SÍNDROME DE ASPERGER EN DIFERENTES ÁMBITOS

Angélica Nicanor Secundino,
Yasmín Mercado Delgadillo,
José Heriberto Morales Rocha,
Sirenio Jiménez Antonio

Capítulo 3

3.1. ÁMBITO FAMILIAR

Los padres y familiares de personas con síndrome de Asperger se enfrentan a una serie de retos para los cuales no siempre están preparados.

¿Qué pasa en la familia antes y después del diagnóstico?

En la sala de espera de nuestra institución se encuentra una familia esperando al psicólogo de evaluación y diagnóstico, han asistido un par de veces y se muestran algo preocupados ya que han recorrido otros lugares compartiendo el mismo motivo de consulta: "mi hijo actúa diferente, se aísla un poco, es raro y cuando se encuentra a personas nuevas inicia la conversación con una pregunta: ¿Tú sabes cuántas galaxias existen?". En la sala se observa a un menor hojeando un libro que, al parecer, es muy interesante, llamativo por sus ilustraciones, cuyo título es *Galaxia y más...*; pasados unos minutos se acerca a otro adulto que también se encuentra entretenido observando una revista y le pregunta: "¿Tú sabes cuántas galaxias existen...?". El adulto desconcertado al momento le responde: "¡No! ¡No lo sé!, pero te puedo platicar con detalle acerca de la última aventura de Peter Pan". Al escuchar tal respuesta se aleja diciéndole: "¡A quién le interesa ese tema!, de hecho, es para niños más pequeños que yo".

49

El caso anterior es sólo una muestra de lo que pasa en distintos lugares donde acuden los padres en busca de una respuesta ante la pregunta "¿Qué tiene mi hijo?". Al momento que por fin se ha terminado la espera sobre el diagnóstico cuyo resultado es síndrome de Asperger, la mayoría de los padres se cuestiona: "¿Qué es?" "¿Cómo puedo ayudarlo y dónde puedo acudir?". Surge una cantidad de interrogantes que posiblemente no las externan al psicólogo que les ha notificado el diagnóstico. Esto lleva a los padres a formular las típicas preguntas ¿Quién tuvo la culpa? ¿Es hereditario?, etcétera

¿Qué nos dice la teoría?

Durante las últimas tres décadas se han venido acumulando datos empíricos procedentes, por un lado, de estudios realizados a personas con este síndrome y, por otro, de historias clínicas que han mostrado una incidencia de conductas similares al cuadro del espectro autista. Tal como Volkmar, Klin y Pauls (1998) han sugerido, dada la relación entre el síndrome de Asperger con el autismo, desde una perspectiva fenomenológica, es posible que los mecanismos genéticos subyacentes al cuadro sintomático del autismo sean también los responsables de la patología subyacente al síndrome de Asperger, aunque en un grado menos severo que en el autismo. Anneren y otros (1995), y Gilbert (1989) citado por Tonny Attwood (2002), argumentan que se han identificado lugares frágiles en el cromosoma X y el cromosoma 2; sin embargo, dada la precariedad de la base empírica, es imposible establecer conclusiones definitivas. Ésto no implica la ausencia de diferencias etiológicas entre síndrome de Asperger y autismo.

La relación o vínculo genético entre ambas condiciones clínicas no han sido establecidos todavía de una forma definitiva, la existencia de cierta evidencia empírica, aunque sea muy limitada, sugiere la existencia de diferencias con respecto a los mecanismos etiológicos causales de ambas patologías. Fundamentalmente, datos procedentes de informes individuales sobre casos clínicos (Burgoine y Wing, 1983; Gilbert, 1991) y de algún otro estudio clínico (De Log y Dwyer, 1988; Gillberg, 1989) sugieren la importancia de la trasmisión familiar en la etiología del síndrome de Asperger.

A este respecto, Gillberg (1998) ha sugerido la posibilidad de que el síndrome de Asperger pudiese ser predominantemente genético, esta propuesta parece haber sido reforzada por las observaciones de una alta incidencia de alteraciones sociales entre los familiares de las personas con Asperger, y por la existencia de una incidencia de un trastorno de la personalidad ya sea por parte del padre u otro hijo diagnosticado con el mismo síndrome. De acuerdo con las manifestaciones clínicas, en algunos casos se alteran áreas funcionales del cerebro que se vinculan a una disfunción de diversos circuitos cerebrales.

¿Qué sucede en Caritas de Amistad?

En nuestra experiencia como institución, sobre el síndrome se han encontrado datos de gran importancia, principalmente durante el proceso diagnóstico y la historia clínica, los cuales nos brindan información sobre la condición familiar; encontramos a padres que en edades tempranas presentaron aspectos de tipo conductual y social similares a los de sus hijos que presentan este síndrome, otros casos refieren parientes no diagnosticados, pero son los familiares más cercanos quienes confirman el cuadro característico de síndrome de Asperger.

Otros casos informan tener algún pariente con un trastorno asociado al espectro autista e incluso con enfermedad mental, o casos en que ninguno de los padres presentaron conductas similares al síndrome de Asperger. Cada persona con Asperger posee una historia familiar diferente, tanto es así que cuando se interactúa con una persona en esta condición de vida, sólo se puede apreciar una parte de lo que implica el síndrome de Asperger; es decir, cada caso es único, por lo cual no necesariamente se comparte toda la sintomatología.

Ahora bien, el diagnóstico revela que la persona presenta una condición diferente, pero esto no concluye ahí, ahora resurge la incertidumbre: ¿Qué pasa después del diagnóstico? ¿Mi hijo puede mejorar? ¿Qué tratamiento requiere? Es importante considerar la búsqueda de instituciones que cuenten con personal capacitado para abordar aspectos de tipo psicopedagógico y al mismo tiempo resolver dudas frecuentes sobre este síndrome.

El caso de Paulino

Cuando mi familia se enteró del diagnóstico nos dio todo su apoyo e incluso nos ayudó a encontrar una institución que trabajara sobre las dificultades de Paulino, fue así como llegamos a Caritas de Amistad. Recuerdo el primer día, mi esposo y yo algo temerosos entramos al lugar, nos sorprendimos al ver que en la institución hubiera otros niños de la edad de mi hijo, adolescentes y adultos jóvenes.

Al ingresar a Paulino a su terapia pensábamos que no podría estar ahí, pues él no pasaba largo tiempo con personas extrañas y, de hecho, sus conductas inmediatas eran de llanto y agresión, yo como madre deseaba ir y abrazarlo; no soporté la idea de que Paulino sufriera, pues siempre lo he protegido. Mi esposo, por el contrario, tomó una actitud tan indiferente que llegué a pensar que no le importaba.

Tal experiencia la compartí con nuestros familiares más cercanos y su respuesta fue la siguiente: "Tu hijo es tan extraño que en la mayoría de las veces parece que nada le interesa y tu excusa como madre es decir: "Se parece al padre". Mi esposo siempre ha dicho que las conductas extrañas que presenta nuestro hijo no se deben a él, sino a mi sobreprotección. Obviamente nunca acepté esto.

Ahora que participo en las sesiones para padres, comprendo que mi actitud de culpar a mi marido ha sido una manera de reflejar mi inseguridad y temores. La sobreprotección me llevó a dañar a mi hijo.

¡Cuando mis padres hablan de mí se ven preocupados!

Un joven describe cómo ha sido el proceso de intervención a una edad temprana (7 años):

Todavía persistía en mí el estado de aislamiento social y dedicaba la mayoría de mi tiempo a balancearme en solitario y a realizar mis rutinas estereotipadas y repetitivas de tocar objetos, el pediatra sugirió la posibilidad de que pudiese ser moderadamente autista. Desdichadamente, el pediatra decidió remitirme a una pareja de psicocharlatanes y seudopsicoanalistas para quienes el concepto de autismo no tenía ninguna utilidad clínica, se interesaban más en investigar las experiencias privadas y acontecimientos embarazosos de mi infancia temprana que pudiesen haber provocado mi estado actual. Recuerdo esa época de forma muy precisa, así como el fracaso que representó. Todas las semanas, durante un periodo de dos años, mis terapeutas intentaban coaccionarme para que yo hablara o jugara; a su vez, pasé dos años mirando fijamente fuera de la ventana ya que no comprendía el significado de lo que decían, y todo lo que se sabía era que los terapeutas sugerían que yo no era un niño normal. Al final se dieron por vencidos y anunciaron que mis problemas desaparecerían con el paso del tiempo. Esto trajo como consecuencia angustia y preocupación entre mis padres y el resto de mi familia, fue así como comenzó la búsqueda de atención para mejorar mis condiciones.

Las familias llegan a terapia debido a una o distintas situaciones que les causan desesperación o dolor y que no pueden resolver por sí mismas, a menudo son referidas a un terapeuta por terceras personas después de un diagnóstico. La terapia familiar tiene como objetivo integrar las necesidades de crecimiento independiente de cada integrante, proporcionar capacitación para encontrar nuevas alternativas, reactivar sueños y generar energía positiva para crear situaciones de cambio, fortalecer y enfatizar habilidades que permitan enfrentar y resolver las dificultades.

Se recomienda a las familias con un hijo con SA recibir atención terapéutica o asistir a grupos de apoyo conformados por padres, donde se compartan experiencias, toma de decisiones sobre la condición de sus hijos e incluso problemáticas específicas; simultáneamente involucrarse en programas para recibir entrenamiento que los lleve a dirigirse como coterapeutas de los profesionales responsables de sus hijos.

Tal contribución conlleva sin duda beneficios para la persona con Asperger y el resto de la familia, al incluir la participación de hermanos y generar así grupos de apoyo para ellos; los hermanos son los mejores aliados para su desarrollo pues sirven como modelo a pesar de preguntarse lo siguiente: ¿Por qué no me habla? ¿Por qué hace cosas raras? ¿Por qué no quiere jugar conmigo? ¿Me odia? ¿Por qué mis padres le dedican más tiempo que a mí? ¿Mis hijos serán como él?

Ante esto se sugiere a los padres informar a los hermanos sobre la condición de la persona *Aspi*, tomando en cuenta sus necesidades y guiados preferentemente por un profesional competente.

La historia de Mauro

Mauro, de siete años, es hermano de Jesús, quien cursa el primer grado y tiene síndrome de Asperger. Mauro le ayuda a Jesús en casi todas sus actividades escolares y tareas de vida independiente. La madre le ha asignado responsabilidades como incorporarlo a clases después del recreo, llevarlo a la tienda escolar y pedir su comida, traducir lo que Jesús quiera comunicar, además de cuidar su material escolar. Todo ello propició que Mauro olvidara su hora de juego, sus intereses y que contara con pocos amiguitos. Por otro lado, en casa Mauro tenía la consigna de cuidarlo hasta que la madre llegara del trabajo, sobre todo porque Jesús en casa sólo quería estar viendo programas de reptiles y coloreando libros del mismo contenido que la programación. Con el paso del tiempo Mauro manifestó enojo ignorando poco a poco responsabilidades que ya eran cotidianas.

Recuerda que...

* Es importante respetar la integridad, necesidades y dinámica de cada integrante de la familia.
* Cuidar que los hermanos no se conviertan en pequeños padres protectores.
* Si a tu hijo *Aspi* le interesa un objeto que usan otras personas de la familia, es muy importante establecer acuerdos y reglas que permitan poner límites en tiempos y objetivos, por ejemplo el uso de la computadora.
* Los padres no deben olvidarse de ellos mismos como personas, de vivir en pareja, del resto de sus hijos y de participar en actividades sociales; conservar la identidad como persona va más allá del hecho de ser padre de un hijo con Asperger.

Mi mundo inmediato
"La familia"

Los padres y familiares de personas con síndrome de Asperger enfrentan una serie de retos para los cuales, en la mayoría de los casos, no cuentan con el apoyo y asesoría necesaria. Por un lado tienen el desafío de entender, comprender y apoyar a su familiar y, por otro, tienen la obligación de educar a los demás sobre el trastorno de Asperger. Esto conlleva a una frustración ante la incapacidad de enfrentar estas exigencias, así como por la incertidumbre acerca del futuro. Así es como sentimientos de tristeza, depresión, miedo, cólera, entre otros, se reflejan en la convivencia familiar.

Pero, ¿cómo percibe la persona afectada por el Asperger su entorno familiar?

Debemos recordar que antes de ser *Aspis*, son seres humanos que sienten tanto o más que cualquiera de nosotros, y el hecho del tener dificultad para expresar e identificar emociones no significa que sean incapaces de sentir una atmósfera familiar de rechazo, o bien de indiferencia, así como percibir que ellos son los responsables del dolor o frustración de sus familiares. Pedro una vez escribió: "Perdóname por hacerte sufrir, quiero ser diferente, pero por más que me esfuerzo no puedo".

Cuando se habla de la perspectiva visual y de cómo se percibe una situación a través del otro, nos referimos a la conciencia que toma la persona con Asperger sobre sí mismo y su entorno.

Violeta es una joven con síndrome de Asperger y se refiere a sí misma de la siguiente manera: *Pienso, deseo y siento de forma diferente en habilidades sociales y comunicativas del resto de la población típica. Todos los días me repito: "No está tan mal, tampoco es grave, pero sí tengo que practicar para mejorar mis relaciones con la familia y amigos".*

Luis es un joven con síndrome de Asperger y se refiere a su familia de la siguiente manera: *compartimos lazos genéticos, somos neutros, a veces nos saludamos, estamos muy aparte, no convivimos mucho, pero platico más con mi mamá. Supongo que los demás piensan que somos una familia común y que cada uno tiene lo suyo y hasta ahí.*

Mike, un joven con síndrome de Asperger percibe a sus vecinos así: *ellos son tranquilos, aún no tengo un amigo en el vecindario, les agrada la misma música que a mí, algunos son de mi edad pero pienso que es mejor estar en casa escuchando música con mi iPod.*

Caritas de Amistad, una gran familia

En nuestra institución se atienden las necesidades de cada persona, con el propósito de mejorar su integración en los ámbitos: familiar, educativo y social, además de ser un grupo de apoyo a familiares para mejorar las expectativas de vida.

Con las familias se trabaja ofreciendo apoyo emocional a los padres mediante el intercambio de experiencias, asesoramiento y aprendizaje de contenidos de interés a través de pláticas y dinámicas, abordando temas de debate (duelo, sobreprotección, expectativas de los padres, estrategias prácticas de intervención, entre otros) que interfieren con la estabilidad emocional de la familia y afectan, en primera instancia, al chico con Asperger.

Se pretende crear conciencia acerca del papel primordial que funge la familia en el *Aspi*, así como brindar un acompañamiento emocional. Además, el grupo de terapeutas ofrece asesoría a padres sobre el manejo conductual y social de sus hijos. El grupo de especialistas es flexible hacia las necesidades variables de la familia y tiene muy claro no imponer sus ideas y objetivos acerca de la terapia, sino ofrecer el servicio como una alternativa para asistir al niño en la vida familiar, escolar y social.

Recuerdo la primera vez que asistí a la terapia para padres, me sentí tan angustiada, tan temerosa de recibir críticas acerca de mi actuación como madre, de que una vez más se me tachara de mala madre por no saber educar a mi hijo. Sin embargo, desde el primer día recibí la comprensión y apoyo de todos, y supe que no era la única, que otras personas habían pasado el mismo vía crucis que yo. A través de una atmósfera de respeto y comprensión he aprendido a superar la fase del duelo, a sentirme entusiasta y feliz de ser madre de un increíble, único y creativo niño *Aspi*. Enfrento con fortaleza los errores de crianza y a través de las ponencias tengo las herramientas para ayudar a mi hijo. Tengo una visión esperanzadora de su futuro.

3.1.1. Preguntas frecuentes

¿Cuándo informarle a mi hijo que tiene síndrome de Asperger?

Como se mencionó en el capítulo anterior, depende de factores como la edad, el nivel de conciencia, los problemas que se presenten, las inquietudes, etcétera. Si el momento es adecuado y si la propia persona lo solicita, el lenguaje debe ser sencillo, adecuado y comprensible; no sólo se señalan los déficits sino que se resaltan las fortalezas.

Repetimos los factores que se deben contemplar:

* Estar seguros de que la persona realmente tiene el síndrome, respaldado en un diagnóstico exhaustivo y profesional.
* Si la persona lo solicita.
* Si se va a beneficiar de esa información.
* Si tiene la inquietud por saber.
* Si tiene información inadecuada.

Cuando se informa a otros sobre la condición de la persona con Asperger, debe cuidarse su integridad psicológica, ya que en ocasiones es objeto de burla, abuso y hostigamiento. Debe aclararse que "son personas que viven en nuestro mundo pero a su manera". Informar a los familiares y amistades cercanos requiere un trabajo de sensibilización, auxiliado por profesionales junto con los padres y apoyado en textos para definir las características propias de este síndrome. Tambien debe incluir dinámicas familiares que propicien la interacción familiar, que favorezcan la confianza, seguridad y autoestima en la persona con Asperger; darle un trato normal y evitar limitar sus capacidades, pero al mismo tiempo reconocer sus cualidades y aspectos positivos.

Hace dos años los padres de Kevin, de ocho años, externaron que a temprana edad su hijo se mostraba diferente de otros niños; no establecía contacto con ellos, no seguía instrucciones, hacía uso inadecuado de sus juguetes y presentaba una serie de conductas anormales, que poco a poco se salían de control, lo cual llevó a buscar atención especializada. Sin embargo, para los padres no fue suficiente dado que sus rabietas y la poca tolerancia al contacto con niños aumentaron el aislamiento social. Todo ello y otros asuntos familiares propiciaron un cambio radical en la vida de pareja, al dejar de lado pasatiempos, salidas o visitas a otros familiares por temor a la crítica de tener un hijo especial. Al llegar a Caritas de Amistad mencionaron temores, uno de éstos es, ¿cómo le explico a mi familia que tengo un hijo con síndrome de Asperger?

Actualmente Kevin tiene 10 años; se encuentra integrado en una escuela regular; asiste a terapias constantemente; ha logrado adquirir habilidades sociales que le permiten mejorar la relación con sus hermanos, tener amigos en la escuela y pertenecer al equipo de futbol de la escuela. El empeño que la familia pone para trabajar con su hijo, es uno de los factores que benefician la integración familiar, académica y social.

¿Por qué es tan duro para los padres aceptar que su hijo tiene Asperger?

Porque el síndrome de Asperger no se manifiesta a primera vista, parecen chicos "normales", y se vive con esta idea los primeros años de vida, hasta que se hacen evidentes conductas extrañas e inexplicables, difíciles de entender.

¿Cómo afecta la sintomatología del síndrome en la familia?

Resultados de investigaciones afirman que a mayor sintomatología existen mayores niveles de estrés, cuantas más alteraciones cognitivas y conductuales presente el *Aspi* o *autie*, mayor será la alteración de la convivencia familiar, así como la sensación de anormalidad que percibirán los familiares junto con las limitaciones de sus actividades (de ocio, sociales).

¿En qué consiste el duelo para los padres con un hijo con Asperger?

Duelo es la pérdida de la esperanza de tener un hijo dentro de la "regularidad". Cuando se espera la llegada de un hijo, esto representa un sinfín de sentimientos, emociones, ilusiones, proyectos y expectativas. Estos pensamientos y sensaciones se contraponen con la idea de que exista la posibilidad de que su hijo nazca con una discapacidad. Se planea acerca de su futuro, pensando que realizará más cosas de las que ellos pudieron lograr, venciendo cualquier obstáculo.

En el caso específico de los padres con un hijo con Asperger, la sorpresa suele ser mayúscula cuando se percatan de que algo es diferente en él, considerando que en la mayor parte de los casos estas señales son más tardías que en otros chicos, y el proceso para darse cuenta de que algo ocurre en su hijo es más lento. Aunado a esto está la mala interpretación médica, al mencionar que es cuestión de tiempo para lograr una madurez acorde con su edad cronológica. Esta esperanza puede mantener a los padres hasta la inevitable hora de un diagnóstico.

Al finalizar la fase del diagnóstico, es urgente que los padres emprendan el camino que lleve a la adaptación de una nueva dinámica de vida, pasando por una serie de etapas que implican emociones. Este proceso puede ser muy complejo y no tiene un tiempo determinado para presentarse o desaparecer.

La forma en que se vive el camino de la aceptación de que su hijo presenta un trastorno que lo hace diferente del resto de sus iguales dependerá de varios factores, entre ellos, la historia previa que conformó la personalidad de los padres, la forma en que les enseñaron a vivir las pérdidas y el entorno cultural.

Las fases del duelo se pueden resumir en cuatro grandes bloques. Pese a las diferencias de cada padre, todos de una forma u otra pasan por este doloroso proceso.

* Negación o aislamiento.
* Ira, enojo.
* Depresión, Culpa.
* Aceptación.

Es de suma importancia que las familias acudan a centros de ayuda, específicamente donde se trabaje terapéuticamente con grupos de padres de hijos con Asperger; las experiencias compartidas, la retroalimentación entre ellos, así como la sensación de que existen personas que se encuentran en la misma situación, y más aún, que han superado esta crisis, aligera el proceso del duelo.

¿Tiene relación el SA con la autoestima de los padres?

Sí, es un duro golpe a la autoestima y la confianza de los padres, por las siguientes razones:

a) Se enfrentan a conductas extrañas e inexplicables, reacciones impredecibles y necesidades para las que ningún padre está preparado.

b) Depresión. Pues es una sensación devastadora de desesperanza debido a la pérdida de expectativas sobre el control de la conducta del hijo; también afectan las atribuciones negativas que sobre él hacen, el miedo al futuro, la renuncia a su trabajo, las cargas económicas adicionales que ello supone, la escasez de recursos, etcétera.

¿Por qué el padre o madre sobreprotege a su hijo?

Porque al hacerlo, el padre negador o autocompasivo se protege de sus propias frustraciones.

Los chicos con Asperger requieren unos padres proactivos; es decir, los que buscan soluciones con responsabilidad.

¿Cómo hacer frente en la familia a la discapacidad de un hijo?

Consiguiendo una comunicación clara y abierta entre los miembros de la familia. La comunicación y la honestidad familiar pueden ser los dos elementos más importantes para poder hacer frente a la discapacidad de un familiar.

3.2. ÁMBITO ESCOLAR

La persona con síndrome de Asperger se tiene que enfrentar a diversas circunstancias en su vida y una de ellas es la educación, que para toda persona neurotípica (normal) sería algo fácil de afrontar, sin embargo para aquella es un doble esfuerzo, ya que es un ambiente nuevo y tendrá que adquirir reglas sociales para convivir con sus iguales. Aquellos que no alcanzan esta integración suelen ser presa fácil para los compañeros, quienes influyen de manera negativa.

En muchas de las ocasiones la persona con síndrome de Asperger termina frustrada cuando no existe un apoyo psicopedagógico externo, la parte emocional se ve afectada y reflejada en la motivación escolar; en casos extremos puede caer en cuadros de depresión. A continuación se presentan algunos casos de niños con SA con dificultades en la etapa escolar.

Andrea

En mi primer día de escuela recuerdo que no me gustaba sentarme y andaba de un lado a otro, la maestra no me decía nada, me dejaba hacer lo que yo quisiera por lo que así me mantuve durante medio año. Durante el recreo los niños me invitaban a jugar y trataba de imitarlos, sin embargo no podía controlar mis berrinches porque quería ser la primera en todo; los compañeros se quedaban desorientados con mi actitud y se alejaban.

Durante la clase tendía a hablar de mi foco de interés, por lo que la maestra no sabía qué hacer; mi mamá decía: "le ha tomado la medida". En otra ocasión un compañero me quería quitar mi lugar y yo siempre le decía "ese es mi lugar" y hacía berrinche para mantenerlo.

Mi maestra mandó llamar a mis papás para que se dieran cuenta de los comportamientos que tenía. Sin embargo ellos no habían prestado atención a mis dificultades de adaptación escolar.

Luis

La madre refiere que cuando su hijo ingresó a preescolar su lenguaje se caracterizaba por ser poco coherente, con palabras entrecortadas e inusuales. Podía estar viendo cómo jugaban los niños pero no se interesaba.

Actualmente cursa la primaria y relata que a Luis le es difícil mirar a los ojos tanto a la maestra como a sus compañeros, durante las clases le gusta hablar de sus inventos, sin importarle que esté en clase. Se le complica entender lo explicado por el maestro y lo más preocupante ocurre a la hora de participar, ya que se caracteriza por hablar muy rápido, motivos por los cuales sus maestros se negaban a tenerlo en clase y de hecho la directora sugirió un cambio de escuela o atención terapéutica externa, ya que no contaban con maestros capacitados.

José María

Tengo nueve años y curso el tercer año de primaria. Cuando estoy con mis compañeros observo que hacen actividades que no entiendo, por lo que no les doy importancia, después el maestro pregunta por qué no hago lo que hacen los demás.

Cuando me voy a formar veo que todos van uno tras otro y yo lo hago, pero sin querer golpeo a alguien o me caigo. Cuando habla el maestro pienso en otra cosa, por tanto, si me pregunta ya no sé qué decir y le respondo lo primero que se me viene a la mente; el maestro me dice ¡pon atención! Durante las clases comienzo a mover las manos y los pies –esto me gusta–, hago ruidos con la boca y todos voltean a verme y se ríen, pero yo continúo.

Cuando tengo que escribir mi mano se cansa mucho, por lo cual no me gusta la clase. Tengo dificultades para comprender las lecturas. Por otro lado, suelo tener una excelente memoria para recordar las cosas que me gustan. Durante el recreo estoy solo, pero si me invitan a jugar lo hago e intento imitar lo que hacen los demás, sólo que no puedo controlarme, es más, dicen que soy rudo y que voy de un lado a otro.

Martín

Soy un chico de 14 años, curso el segundo año de secundaria. Durante mi estancia en la escuela trato de socializar con mis compañeros para ser aceptado, pero no me gusta ser igual que todos, por lo que me gusta peinarme y vestirme de manera original. Cuando tengo la atención de mis compañeros aprovecho para hablar sobre mis videojuegos favoritos, lo hago de manera interesante, con palabras poco comunes y así continúo por varias semanas.

No sé por qué me obsesiono en hacer comentarios sobre el aspecto físico de otras personas tanto conocidas como extrañas. Esto provoca que me dejen de hablar. Bueno… ¡yo sólo digo la verdad! Recuerdo aquella vez cuando vi a ese señor tan gordo en el metro y me acerqué a preguntarle cuánto pesaba, o cuando le dije a una amiga de mi mamá que su pelo era tan raro que se parecía al de un payaso. ¿Acaso es malo decir lo que pienso?

Durante el recreo me gusta estar solo porque así puedo lavarme las manos una y otra vez, ya que el ambiente está lleno de miles de microorganismos; lo que no entiendo es por qué no me siento bien cuando me cepillo los dientes, sé que empiezan a ponerse amarillos y por ello hago el esfuerzo por mantener mi aseo personal.

Me motiva ir a la escuela porque me gusta leer los libros de la biblioteca.

De acuerdo con la población de Caritas de Amistad, 80 % de los casos son detectados en la primaria, pues este ambiente exige una convivencia con sus iguales y seguimiento de reglas y normas, aspectos en los que se presentan dificultades; esto hace evidentes las características del síndrome. Por otro lado, en el ambiente escolar existen alumnos que se sensibilizan con estos casos y fungen como acompañantes terapéuticos.

Según Tirosh y Canby (1993) citado en Attwood (2002), una proporción significativa de niños con el síndrome de Asperger tiende a estar en los extremos en cuanto a sus capacidades de lectura, escritura y cálculo. Algunos desarrollan hiperlexia, esto es, una alta capacidad para reconocer las palabras, pero muy poca comprensión de las mismas o del guión general, mientras que otros tienen muchas dificultades en desentrañar el código de la lectura, o se presentan algunos con signos de dislexia y dificultades para escribir correctamente.

La Asociación Asperger España (2007) indica que algunas de las dificultades de las personas con síndrome de Asperger, en la etapa de educación primaria, son:

- Falta de destreza a la hora de "convivir" con sus iguales.
- Se les complica percibir sutilezas y las demandas implícitas en las situaciones sociales.
- Conflicto para interpretar las normas de un modo flexible y dinámico: el niño con SA se aferrará a las normas y al deseo de invariancia (dando muestras continuas de inflexibilidad y de poca adecuación a los cambios imprevistos).
- Dificultad para comprender muchos de los estados internos de las personas que los rodean (produciendo en los demás la sensación de una intensa falta de empatía).
- Presentan una dificultad para moverse ágilmente, de modo coordinado y preciso (parecen un pésimo compañero de juegos).
- No toman la iniciativa en las interacciones con sus iguales (creando una imagen de cierta pasividad y desinterés).
- Realizan preguntas repetitivas.
- Hipersensibilidad a algunos estímulos (que pueden llegar a limitar o complicar significativamente sus actividades de la vida diaria).

Los puntos anteriores coinciden con los comentarios realizados durante el intercambio de experiencias con los padres quienes externan sus inquietudes sobre la integración escolar, algunos ejemplos son: espera de turnos principalmente al hablar, rigidez mental (por ejemplo, para tomar un trasporte diferente), inatención, timidez y poca participación grupal.

Principales dificultades en la adolescencia

* Presencia de reacciones emocionales desproporcionadas y poco ajustadas a la situación.
* Intereses inmaduros y discordantes con la edad (por ejemplo determinados dibujos animados, personajes de programas infantiles).
* Mayor conciencia de diferencia y soledad.
* Sentimientos de incomprensión y soledad.
* Mayor vulnerabilidad a alteraciones psicológicas como la depresión, la ansiedad y el estrés.
* Descuido de la higiene y el cuidado personal. Esta tendencia a descuidar la imagen personal e higiene favorece su aislamiento y fracaso a la hora de encontrar un grupo de referencia con quien poder interactuar. A pesar de ello, es importante señalar que en algunos casos ocurre lo contrario, llegando incluso a desarrollar rituales obsesivos en relación con la higiene (por ejemplo, el lavado obsesivo de manos).
* Desinterés hacia las modas y la imagen corporal.

Los chicos con síndrome de Asperger que cursan la secundaria transitan por un proceso difícil, "la adolescencia", donde hay cambios notables de comportamiento y suelen ser más conscientes de su soledad. Un caso particular de la Asociación es el de Julián, quien se rehusaba a socializar y sólo quería dormir, al ser incluido en convivencias huía porque no sabía cómo comportarse.

Abuso escolar en un Aspi

Me buscan para ser mis amigos y yo siempre les creo...

Soy Abel, recuerdo aquel día en el que me pidieron todos mis compañeros de la escuela que les hiciera el trabajo de artes para luego asistir al cine, yo les creí, por lo que me di a la tarea de realizar cómics de diferentes estilos; saqué copias para cada uno de ellos, y el día menos esperado, por medio de internet me enteré que todos se habían puesto de acuerdo para ir al cine un día antes y nunca se tomaron la molestia de invitarme.

Estrategias de intervención

¿Cómo Iniciar el proceso de socialización?

Se ha buscado que el chico con síndrome de Asperger mejore su calidad de vida a nivel escolar; no sólo se busca incluirlo en la escuela, sino que realmente sea integrado ya que es capaz de lograr lo que se propone. Los psicólogos de Caritas de Amistad desarrollamos un plan adaptado a un ambiente artificial: mostrando la agenda de actividades, habilidades de contacto con sus compañeros, reglas de convivencia con imágenes y el uso de éstas para desarrollar estrategias sociales y de comunicación.

Ejemplo de Agenda

| Primera Terapia "Conducta social" | ¿Qué voy a hacer? |

Saludar a mis compañeros	Pasar lista
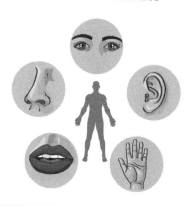	

Recordar las reglas de terapia	Cantar una canción

Conocer mis sentidos	Desayunar

Estrategias de coordinación motora

Se refuerzan actividades académicas con estrategias de coordinación visomotora, ya que cuando usan herramientas escolares llegan a ser impulsivos, sin controlar direccionalidad, precisión, agarre e incluso uso adecuado de pinza fina.

Se incluyen actividades de motricidad gruesa, incluida la relajación global y segmentaria.

¿Cómo leer de una manera agradable sin aburrirse?

Se emplean lecturas de interés sobre valores, reflexiones, contenido científico y literario, mismas que ayudan a desarrollar habilidades de comprensión a través de análisis y síntesis hechas en grupo. Es importante mencionar que se incluye *role playing*.

¿Qué dice la teoría sobre las dificultades académicas?

El *Manual diagnóstico y estadístico de los trastornos mentales* (*Diagnostic and Statistical Manual of Mental Disorders*, DSM) de la Asociación Americana de Psiquiatría señala que para diagnosticar a un niño dentro del ámbito de las dificultades del aprendizaje ha de existir una discrepancia entre su nivel de inteligencia y sus resultados académicos. Estas dificultades se manifiestan en la adquisición y uso de habilidades de escucha, habla, lectura, escritura, razonamiento o habilidades matemáticas.

Un ejemplo de esto fue un chico que entregó su trabajo a mano y el profesor tuvo que pasar bastante tiempo tratando de entender lo que aquél escribió, por lo que el maestro se desesperó y prefirió no pedirle nada y aprobarlo. Otro ejemplo es cuando la mamá requiere descifrar la letra para saber cuál es la tarea.

La intervención terapéutica se apoya en textos de *disgrafía* (problemas en la escritura) propuestos por Julián de Ajuriaguerra. En la lista siguiente encontramos algunas estrategias:

- Realizar ejercicios digitales.
- Trazar en diferentes texturas.

- Moldeado.
- Reconocer las letras a través del tacto.
- Efectuar la corrección de la letra cursiva y script.

Aprender a trabajar en equipo

Se establecen dinámicas para trabajar en equipo haciendo un análisis de qué es un equipo y sus características primordiales. Se utilizan videos que apoyan el tema, se hace juego de roles.

Estrategias para involucrar a los maestros

La preocupación de Caritas de Amistad es involucrar a los maestros para que adquieran conocimientos y estrategias de trabajo para la intervención en grupo, se informa por medio de conferencias, visitas escolares y asesorías.

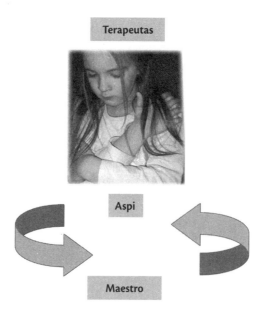

3.2.1. Preguntas frecuentes

¿Cómo se adapta un Asperger en la escuela?

Se adapta bien, si en la institución donde asiste se tiene un ambiente estructurado y los compañeros conocen acerca del síndrome, el maestro puede apoyarlo con explicaciones claras y precisas. Recordemos que es necesario un trabajo integral entre terapeuta-profesor-familia.

¿Puede participar el chico con síndrome de Asperger en eventos culturales?

Sí puede participar, porque es importante integrarlo a un medio que le permita adquirir herramientas que le faciliten incursionar en el contexto social. Es fundamental anticiparle cualquier evento, explicar detalladamente lo que tiene que hacer para evitar así confusiones y que su desempeño sea eficiente y, por tanto, gratificante y motivante.

¿Cuál es la función de un maestro sombra?

La función principal del maestro sombra es crear un puente de comunicación y entendimiento entre el niño y el ambiente escolar. El ambiente escolar no sólo incluye a su maestro y compañeros de clases, sino también otras maestros y niños de otros grupos. Este puente comunicativo es de apoyo y da a conocer los gustos, habilidades, intereses y formas de ayudar al niño.

Cabe resaltar que este apoyo debe ser temporal, así se evita una relación de dependencia, lo cual interferiría desfavorablemente con su autonomía personal.

Al maestro de grupo le corresponde hacerse cargo de la parte pedagógica del programa escolar de todos los niños, incluyendo al niño que está en integración; el maestro sombra se encargará de cualquier aspecto relacionado con la parte clínica terapéutica del niño y fungirá como un auxiliar ante los problemas de conducta o de adecuación curricular que sean necesarios para el niño (Escobedo, 2007:3).

¿Qué habilidades desarrollan las personas con SA?

Algunas habilidades son: conocimiento de un tema en especial, excelente memoria para recordar lo que les interesa, hiperlexia (habilidad espontánea y fascinación de leer palabras a edad precoz), intenso interés por el conocimiento; algunos pueden ser capaces de predecir fechas, destacar en ortografía, etc. Es de vital importancia enfatizar que cada persona es única e irrepetible, por lo que existen diferencias entre cada caso Asperger.

¿Cuál es el tipo de escuela ideal para el chico con síndrome de Asperger?

En cuanto al tipo de escuela para un chico con síndrome de Asperger, se recomienda un aula preferentemente con pocos alumnos, ya que responden bien a una clase tranquila, bien ordenada y con un ambiente de aliento más que de crítica. Se requieren ciertos atributos de personalidad y habilidad del profesor (tolerancia y empatía), acceso a materiales de trabajo y de refuerzo. Los profesores necesitan tener cierta disposición a la calma, ser predecibles en sus reacciones emocionales, flexibles con su currículo y ver la parte positiva del niño.

El profesor y la escuela tendrán que ser accesibles en cuanto a las adaptaciones especiales. Por ejemplo, si los eventos culturales y las reuniones le son difíciles de tolerar por el ruido y por tener que esperar, se le puede dar permiso para que aguarde en la clase tranquilamente. Otros permisos especiales incluirán liberarlo de exámenes cuando esté afectado por ansiedad y depresión.

Es inevitable que el niño con síndrome de Asperger tenga que cambiar de escuela, ya que tendrá que pasar de primaria a secundaria, pero esto será más fácil si transita con amigos que ya conoce, y los profesores y el personal de apoyo de las dos escuelas se reúnen para trasmitir información que facilite su adaptación. También se recomienda que el chico visite la escuela varias veces antes de cambiarse a ésta, para que conozca la geografía de la misma y las rutas a los salones. Asimismo, se aconseja tener un profesor con la responsabilidad específica de controlar el ajuste del niño a la nueva escuela.

¿Mi hijo va a llegar a la universidad?

Este pronóstico dependerá de varios factores, entre ellos, un adecuado manejo conductual a lo largo de su trayectoria, por ello es tan importante la oportuna detección e intervención para desarrollar habilidades y enfrentar retos. Pronosticar el futuro de cualquier persona es siempre incierto, es preferible la constante búsqueda de oportunidades que le faciliten el máximo grado de autonomía, una vida digna y justa. Se debe cuidar siempre el aspecto emocional para conocer cómo se siente.

¿Por qué en algunas cosas puede ser mejor que en otras?

Debido a que existe un foco de interés de gran fascinación, que absorbe mucho de su tiempo, no se esfuerza en desarrollar otras habilidades que no son de su interés.

¿Cuáles son sus herramientas de adaptación?

El uso de agendas para anticipar los acontecimientos, historias sociales que le indican por qué sucede el acontecimiento y cómo debe comportarse, así como la regulación de su conducta a través del lenguaje verbal. La autorregulación es una herramienta de gran utilidad, para evitar conductas disruptivas y estereotipias.

¿Puede tener un desempeño académico normal el chico con SA?

Sí puede desarrollar un desempeño normal, sin embargo requerirá de apoyos basados en intervenciones terapéuticas, así como adaptaciones curriculares.

¿Cuáles son las mejores estrategias del maestro para que el chico con SA trabaje en equipo?

Realizar dinámicas de grupo para que se sienta identificado e integrado en el grupo, posteriormente conocer sus cualidades para involucrarlo en el mismo, enseñarle qué es un equipo y por qué es importante trabajar en ello.

¿Por qué la adaptación escolar es más difícil al pasar a secundaria?

La secundaria plantea mayores retos, más demandas sociales y educativas.

Por un lado, las relaciones sociales con los compañeros cobran mayor importancia, se hacen evidentes sus dificultades sociales, llega a ser presa fácil de bromas y burlas. Por otra parte, pese a que se cuenta en ocasiones con un tutor, éste no deja de ser un profesor más de los muchos que tiene. Además, los contenidos curriculares tienen mayor nivel de abstracción. Hay muchas materias y tareas que desarrollar a corto y mediano plazos, que exigen niveles altos de planificación y organización, áreas ejecutivas donde se presentan dificultades.

¿Cómo es el estilo de aprendizaje del chico con síndrome de Asperger?

Es principalmente de manera visual, además de descomponer las tareas en pasos más pequeños.

¿Cuáles son las recomendaciones para sensibilizar al grupo y lograr que el chico con SA sea respetado en su ambiente escolar?

Conocer acerca del síndrome de Asperger, mostrar videos relacionados con el padecimiento y sensibilizarlos para que lo apoyen. Contar con un compañero que funcione como acompañante terapéutico es un gran estímulo.

¿Cómo encaminar sus intereses académicos?

Trabajando a la par con su foco de interés para poder abordar otros temas; restándole tiempo libre y evitando que se aburra o tenga mucho acceso a su foco de interés, ya que éste le absorbe el tiempo; preparándolo en cada paso que va a dar.

Asimismo se deben elaborar programas de estudio y planificar y controlar técnicas que le permitan hacer frente a situaciones difíciles que se le puedan presentar en el ambiente escolar. Además es necesario motivarlo a alcanzar metas y ayudarlo a percibirlas como alcanzables, ofrecerle orientación laboral y profesional.

¿Un compañero de grupo puede ser referente para un mejor desenvolvimiento en el salón de clases?

Sí, siempre y cuando la persona esté informada y capacitada acerca del síndrome, que sea paciente con él y conozca cómo puede ayudarlo. Contar con un compañero que funcione como acompañante terapéutico es de gran beneficio para el estudiante con Asperger.

¿Qué riesgos tiene un chico Asperger de ser agredido por sus compañeros o agredir a otros?

Los riesgos son grandes cuando se encuentra en ambientes poco estructurados. Es importante que la escuela cuente con supervisiones e intervenciones coherentes en baños y patios de recreo, entre otros. Debe detectarse oportunamente si existe acoso escolar y deben tomarse las medidas pertinentes. Es recomendable enseñar estrategias de autocontrol (técnicas de relajación, manejo de estrés, técnicas para aliviar o controlar la ansiedad, etc.).

Los chicos con Asperger suelen ser nobles e ingenuos y por tanto se caracterizan por ser los alumnos menos agresivos del aula. Las conductas disruptivas de los alumnos con síndrome de Asperger tienen siempre una causa y motivo justificado. Pueden responder agresivamente, como cualquier persona ante la presión continua o el acoso escolar, y tener conductas de exclusión social. Si llega al límite de lo que puede aguantar, su respuesta no es sutil y no suele tener en cuenta el contexto social, por lo que ésta es rápidamente percibida, y suele ser la excusa perfecta para hacerlo responsable.

¿Qué puedo hacer como padre para que mi hijo no se aísle de sus compañeros?

Identificar los aspectos que no le permiten socializar con sus compañeros y apoyarse en historias sociales y *role playing*.

¿Cómo le explico a mi hijo el concepto de amistad o abuso de un compañero?

Se le debe explicar que en la amistad hay elementos de reciprocidad esenciales para mantenerla, y describirle las características de un amigo. Esto puede lograrse a través de imágenes y representación de situaciones. Discernir entre un amigo y alguien que sólo busca beneficio es una tarea que involucra crear conciencia en los chicos con Asperger, con base en un análisis y una lógica que logre convencerlos. Es un reto, pero vale la pena hacerlo.

¿Si no se adapta al contexto escolar debe abandonarlo?

Es importante conocer por qué no logra adaptarse y trabajar en ello, brindándole las herramientas necesarias. También es importante fomentarle la persistencia; intentar una y otra vez. No olvidemos que una de sus fortalezas es la perseverancia.

3.3. ÁMBITO LABORAL

El trabajo es un factor primordial que define en gran parte el desarrollo personal y profesional en la vida de las personas con síndrome de Asperger. En esta etapa las personas con SA experimentan situaciones muy demandantes que afectan su estado emocional debido a sus limitaciones, y conforme pasa el tiempo ven fracasadas sus expectativas laborales y personales a la vez. A continuación se presenta un ejemplo claro de las demandas más comunes que enfrentan las personas con SA al tratar de insertarse como miembros activos en un campo laboral.

Mi difícil trayecto laboral

Mi nombre es Mateo, tengo 28 años, y en el año 2009 concluí la carrera en Administración de Empresas en una universidad privada. Mientras estudiaba la universidad, mis padres y yo tuvimos problemas económicos que me impidieron continuar mis estudios durante un año, así que decidí trabajar todo el semestre para adquirir experiencia laboral en relación con mi carrera. En un principio encontré trabajo en una papelería, donde mi función era ofrecer artículos en promoción a toda la clientela. En este campo laboral la relación con mis compañeros siempre fue fría y con mi jefe inmediato fue difícil ya que no trabajaba con la velocidad que él deseaba, además en muchas ocasiones era distraído y no realizaba las actividades adecuadamente.

Al terminar el semestre dejé el trabajo y regresé a estudiar. En internet encontré dos opciones de trabajo de medio tiempo como becario, una de ellas en una tienda de electrodomésticos y otra en una compañía de traslado de valores. En esta compañía mi relación con algunos de mis compañeros era muy difícil porque sentía que algunos se divertían con mi timidez, lentitud y distracción; también había otras personas que me caían bien, aunque jamás me atreví a profundizar una relación personal con ellas.

Después terminé la carrera e ingresé como analista de crédito gracias a un familiar que era amigo del director de una financiera. Este trabajo en particular ha sido en el que más he durado (un año). En él me di cuenta que carecía de muchas habilidades sociales al ver que mis compañeros de trabajo bromeaban con mucha facilidad y expresaban sus sentimientos sin ningún problema, aquí me percaté de que la mayoría de ellos e incluso mi propio jefe me veían como una persona inferior.

La relación con mi jefe directo en este trabajo fue muy complicada ya que lo desesperaba mi distracción y desinterés, era un trabajo en el cual se requería de mucha iniciativa y comunicación con todo el personal que allí laboraba. Finalmente llegó un nuevo director y decidió terminar la relación laboral conmigo.

Posteriormente, encontré un trabajo como analista de crédito en una empresa, donde mi relación con los demás compañeros en general, como en los otros trabajos, era fría, casi no hablaba con ellos. La relación con mi jefa directa fue muy áspera, puesto que era un trabajo en el que se requería mucha rapidez, y yo soy muy perfeccionista a la hora de revisar documentos; esto me generó muchos problemas. Finalmente a los cuatro meses de trabajo decidieron terminar la relación laboral conmigo y decidí enfocarme en un trabajo que no fuera como analista de crédito.

Decidí enviar mi currículum a una tía que me ayudó para que yo consiguiera trabajo en el área de mercado internacional de divisas en un banco. Una vez en el banco, la relación que tenía con los tres compañeros en la oficina era nuevamente difícil, ya que me costaba trabajo comunicarme con ellos de manera espontánea. Precisamente fue un trabajo en donde era importante estar en constante comunicación con los compañeros, brindar apoyo mutuo y trabajar en equipo y a mí se me complicó mantener una fluidez verbal para comunicarme, también tuve muchas complicaciones al memorizar todos los procedimientos de las transacciones, fue muy frustrante para mí. Al final decidieron despedirme por mi deficiente trabajo.

Al no tener un empleo fijo, mi padre decidió apoyarnos económicamente en la casa, yo decidí buscar un trabajo que realmente pudiera realizar bien. Al poco tiempo de esto comencé a sospechar que yo podía tener el síndrome de Asperger y decidí buscar un trabajo como encuestador telefónico, ya que es un trabajo monótono en el que se repite la misma frase una y otra vez; tampoco se requiere socializar y estar en constante comunicación con los demás. Encontré algunos otros empleos como encuestador y telefonista, pero los ingresos no eran suficientes para las necesidades de mi casa. Finalmente encontré trabajo como ejecutivo telefónico donde mi función es contestar llamadas telefónicas siguiendo siempre un mismo script. Hasta el momento no he tenido ninguna queja por parte de mis jefes, sino todo lo contrario, me han felicitado por mi desempeño.

En el caso anterior podemos percatarnos de las dificultades más comunes que frecuentan las personas con SA dentro de un entorno laboral. Estas dificultades corresponden en su mayoría a la poca habilidad para interactuar con las demás personas física y verbalmente, es decir, carecen de la habilidad para integrarse a un grupo, les es difícil iniciar una conversación y mantenerla, no logran regular sus expresiones y movimientos corporales por lo que a la vista de su interlocutor parecen personas extrañas.

El trabajo terapéutico realizado sobre el área laboral consiste en la exploración cualitativa de las limitaciones en las relaciones sociales y comunicativas. Posteriormente se generan estrategias de trabajo específicas para fortalecer el desempeño de estas personas en el área de trabajo, no sólo para que realicen adecuadamente sus funciones, sino también para que aprendan a ser sociables. A continuación se describen las dificultades más comunes que presentan las personas con SA en el entorno laboral:

1. Dificultad para interactuar con las personas que laboran en el entorno.
2. Dificultad para iniciar y mantener una comunicación con compañeros de trabajo.
3. Incapacidad para solicitar ayuda a otras personas cuando la requieren.
4. Dificultad para hacer amigos con los compañeros de trabajo.
5. Falta de concentración durante las entrevistas de trabajo.
6. Dificultades para regular el estado emocional antes, durante y después de la entrevista.
7. Son incapaces de comprender las bromas, metáforas e ironías que sus compañeros de trabajo les hacen.
8. Dificultad para externar sus ideas e inconformidades respecto al trabajo.

9. Se les dificulta trabajar en equipo y empatizar.
10. El trabajo bajo presión les genera mucha ansiedad y frustración.
11. Presentan dificultad para comprender muchas instrucciones a la vez.
12. Se frustran fácilmente ante sus propios errores en el área de trabajo.
13. La desorganización en su área de trabajo les genera mucho conflicto.

Tomando en cuenta estas características, trabajamos de forma directa con las dificultades que limitan el rendimiento y crecimiento personal de las personas con SA en los ámbitos social y laboral. Para ello, se utilizan varios métodos de instrucción para desarrollar habilidades sociales, entre ellos están los "relatos o historias sociales", que son usados para describir situaciones de intercambio comunicativo y mostrar la importancia de comportamientos no verbales durante una entrevista de trabajo y en el trato con todos los compañeros.

Los relatos o historias sociales son de gran utilidad, pues aportan información relevante acerca de alguna situación confusa que a la persona con SA le es difícil comprender dentro del área de trabajo, o en la interacción directa con sus compañeros (bromas, malas intenciones, ironías). Las historias sociales son reforzadas con material visual (pictogramas, imágenes reales, etc.), con el fin de facilitar la asimilación y el aprendizaje de cada uno de los comportamientos sociales que se pretenden desarrollar o corregir para su buen desempeño laboral.

El "juego de escenificación" o *role playing* es una técnica utilizada para actuar y fingir conversaciones recíprocas y unilaterales como durante el desarrollo de una entrevista laboral, o en la comunicación, la convivencia con los jefes y compañeros, o para acatar instrucciones de trabajo, solicitar ayuda, pedir permiso para ausentarse, pedir disculpas, etc. Las entrevistas laborales desempeñan un papel muy importante debido a que son la primera impresión que los directivos tienen del candidato y de eso puede depender la contratación laboral. Es por ello que durante las entrevistas escenificadas es muy importante regular y corregir aspectos verbales y no verbales de las personas con SA, por ejemplo, fluidez verbal, expresiones faciales, movimientos corporales; asimismo proporcionar seguridad, confianza y controlar las emociones.

Otra técnica es el uso de "scripts sociales" o "estructura de sucesos sociales" que consiste en una descripción explícita de la secuencia de pasos por realizar en una situación específica. Con esta técnica ayudamos a los jóvenes a organizar toda la serie de funciones que deben realizar durante el día y toda la semana en su área de trabajo, se organiza en forma de agenda. Para algunos, es necesario ilustrar con imágenes cada uno de los procedimientos para que su asimilación sea más efectiva. También se usa para describir con detalle algún procedimiento complejo. El script social es una estrategia de instrucción que también ha demostrado ser efectiva en la enseñanza de habilidades sociales.

El uso de videos, ya sean películas seleccionadas de cine o grabaciones, son estrategias útiles para la enseñanza del significado de las expresiones no verbales; también nos permite analizar de forma repetida y estructurada una amplia gama de comportamientos como un bostezo, una mirada particular, una posición corporal, una expresión facial o un tono de voz. Una entrevista preparada y simulada por parte de los jóvenes con SA permite llevar a cabo filmaciones, que son usadas para analizar repetidamente la actuación de cada participante, haciendo correcciones verbales y no verbales. Es una estrategia útil y dinámica que motiva la participación de las personas con este síndrome.

Conclusiones

La adquisición de un trabajo en alguna institución o empresa es un elemento primordial para las personas con síndrome de Asperger, porque influye notablemente en su autoestima y calidad de vida, propicia el establecimiento de relaciones sociales, favoreciendo el desenvolvimiento personal. Es recomendable que los familiares se integren y colaboren en conjunto con la persona con SA, con una adecuada orientación vocacional, basada en sus fortalezas. De esta manera, existe mayor probabilidad de alcanzar un adecuado desempeño laboral.

3.3.1. Preguntas frecuentes

¿Qué aspectos debo tomar en cuenta
al integrar a una persona
con SA en un campo laboral?

Es muy importante que la persona con SA decida por sí misma el trabajo que desempeñará. Debe ser una actividad que vaya acorde con sus habilidades más sobresalientes, donde haya poca demanda de relaciones sociales, que sea un espacio organizado y fácil de predecir.

¿Qué tan conveniente es que
las personas con SA inicien su vida laboral
en algún negocio familiar?

Es buena opción, pero debemos cerciorarnos de que el trabajo no sea una fuente de frustración para la persona con SA. Se debe organizar el área de trabajo y dejar en claro las funciones que debe desempeñar.

¿Las personas con SA deben definir sus
propios intereses laborales?

Sí, pero deben ser orientados por profesionales y familiares sobre sus fortalezas, aptitudes y habilidades laborales, así podemos dirigir de mejor forma su elección ocupacional.

¿Cuáles son los riesgos más comunes al
incluir a una persona con
síndrome de Asperger al área de trabajo?

Debemos ser más optimistas, no nos deben importar los riesgos ya que éstos serán parte del aprendizaje y adaptación de la persona en su trabajo. Sólo debemos tratar de sobrellevar las posibles limitaciones de una mejor manera.

Si mi hijo trabaja, ¿debe vivir solo?

Claro, esa es la meta. Sin embargo, se debe considerar la posibilidad de que sean monitoreados por un familiar, amigo o acompañante terapéutico. Este tipo de apoyo puede ir retirándose de forma gradual.

3.4. EXPERIENCIAS EN EL ÁMBITO SOCIAL

Mi vida social como chico con Síndrome de asperger

Abdiel

Tengo 14 años y hace medio año me salí del primer año de la secundaria, debido a que no me podía controlar, golpeaba a mis compañeros por el mínimo comentario, por lo que mis papás decidieron retirarme de la escuela. Siempre busco a mis compañeros, puedo iniciar una conversación preguntando, ¿Qué cuentas? ¿Cómo estás? Mi tema de conversación es sobre mis compañeros y sus características raras.

Cuando me explican el motivo de sus conductas me tranquilizo, aunque también suelo estar preocupado por preguntarles si aún seguimos siendo amigos, una vez que es claro para mí, comentamos sobre las chicas y de lo importante que es tener novia. Los terapeutas dicen que es una obsesión creada y reforzada por las exigencias sociales, pero yo insisto en que no.

José

Soy un joven de 22 años; son pocas cosas de las que tengo que hablar ya que creo que nadie me entiende. A pesar de los esfuerzos de mi madre para que hable, no lo hago. Cuando decido hablar, comento sobre mis amistades del pasado y de malas experiencias que he tenido, aunque lo hago de forma concreta. Soy muy callado, también sensible a ruidos del ambiente, no siempre me doy cuenta de lo que pretenden las otras personas cuando se acercan a mí.

Me gusta imaginar que soy un héroe y jugar con los nombres de ellos.

Representación gráfica de personajes ficticios.

En los casos anteriores se aprecian diferencias en cuanto a las habilidades para establecer relaciones sociales. El mundo social para los jóvenes con síndrome de Asperger tiende a ser una realidad compleja que excede su capacidad de comprensión, ya que los jóvenes desean interactuar, pero como carecen de ciertas habilidades, no comprenden la dinámica y las reglas que se establecen en las relaciones interpersonales. En muchas ocasiones se perciben como personas distantes, insensibles o indiferentes de los sentimientos de los demás.

Borreguero (2004) menciona que el trastorno de la interacción social se expresa en el niño a través de manifestaciones de comportamiento muy específicas. En primer lugar, presenta deficiencias en el uso de la comunicación no verbal, así como una dificultad importante para regular su conducta social en función de las conductas sociales y no verbales. En segundo lugar, se observa una ausencia o capacidad disminuida para establecer relaciones de amistad con otros niños de edad similar y un nivel de desarrollo afín. En tercer lugar, existe una disfunción socioemocional manifestada en la dificultad del niño para mantener una reciprocidad emocional.

Las personas con síndrome de Asperger tienen un amplio rango de necesidades emocionales, como cualquier otra persona, por lo que se busca que tengan los mismos derechos y las posibilidades de involucrarse en las interrelaciones socioemocionales y ser partícipes de ellas.

También presentan miedos que muchas veces hay que ayudar a superar, uno de ellos ocurre al momento de relacionarse con los demás. Es importante romper el miedo a interactuar socialmente, ya que para los chicos *Aspis* suele ser muy difícil encontrar aceptación en la sociedad. "Cuando me esfuerzo, siempre lo hago mal". Típica expresión de un joven con Asperger. Pareciera que el mundo sólo está diseñado para las personas comunes, que responden y actúan como "socialmente" debe ser. De lo contrario, aparecen castigos crueles como el ridículo, el *bullying* y el aislamiento.

Las personas con síndrome de Asperger necesitan y merecen sentirse aceptadas y comprendidas como seres únicos y valiosos. Debemos apoyarlas a incrementar su confianza, mostrándoles respeto y creyendo en ellas. Si exigimos que muestren empatía por nosotros, entonces, ¿por qué no la tenemos con ellos?

Dificultades del síndrome de Asperger en el ámbito social

En 1989, Carina y Christopher Gillberg bosquejaron, a partir de sus estudios en Suecia, un criterio basado en aspectos relativos a la conducta social.

a) Incapacidad para interactuar con sus compañeros.
b) Falta de apreciación de señales sociales.
c) Conducta social y emocional inapropiada.

Según Attwood (1998), cuando el niño es pequeño no le importa el aislamiento, y se siente satisfecho por jugar solo o con sus hermanos y hermanas. Más adelante, se da cuenta de su aislamiento y, en cierto momento, está genuinamente motivado para socializar con niños de su edad; sin embargo, es evidente que sus habilidades para el juego social son inmaduras y rígidas, y muchas veces es rechazado por los otros niños.

Pedro Padrón (2006) comenta que la interacción social que se establece tiene como objetivo satisfacer necesidades personales, y el inicio de tal interacción suele ser torpe y poco efectiva. En esta línea destaca la incapacidad del sujeto con síndrome de Asperger para interactuar con sus iguales y la ausencia de su deseo o interés en ello. El contacto social sólo es tolerado si se apega a sus reglas.

En códigos de conducta, el niño con síndrome de Asperger no parece darse cuenta de las reglas de conducta social implícitas y dirá o hará cosas que pueden ofender o enfadar a otra persona sin darse cuenta.

Deffenbacher (1996) señala que debe existir una reestructuración cognitiva para superar los conflictos por distorsiones. Los jóvenes con Asperger tienden a realizar procesos de adivinación, que es un proceso erróneo sobre la posibilidad de ocurrencia de eventos, como ejemplo, pensar que las personas prefieren siempre a los que hablan demasiado, a los que tienen un vocabulario pedante, un comportamiento infantil, una risa exagerada, o la forma en cómo se visten. También sucede que al haber tenido un evento de rechazo, se llegue a generalizar de manera exagerada en los eventos subsecuentes.

En la Asociación Caritas de Amistad trabajamos arduamente el aspecto social a través de la concientización y negociación, se refuerzan acercamientos para establecer relaciones sociales con distintas personas, mediante distintas estrategias terapéuticas, como respetar la individualidad de cada chico, enseñarle a trabajar en equipo con tolerancia y evitar comentarios ofensivos.

Debido a que los jóvenes con síndrome de Asperger exhiben continuamente las emociones que recuerdan, principalmente las negativas, para su abordaje se trabajan situaciones específicas mediante historias sociales, dramatizaciones y juego de roles; en las sesiones se buscan alternativas para la solución de problemas y se identifica el origen del conflicto. A los adolescentes y jóvenes se les motiva a socializar a través de las redes sociales y eventos grupales, de forma dirigida.

3.4.1. Preguntas frecuentes

¿Cómo enseñar una habilidad social?

Se debe tomar en cuenta el tipo de habilidad que se desea enseñar, y reforzar el uso de expresiones faciales, la perspectiva del otro, pensamientos y sentimientos.

¿Cómo enfrentar a mi hijo con síndrome de Asperger a situaciones sociales?

Se debe trasmitir confianza, seguridad, creer en ellos y resaltar sus fortalezas. Se anticipan situaciones nuevas y por medio de historias sociales se enseñan conductas asertivas.

¿Cómo propiciar en mi hijo respuestas asertivas en diferentes situaciones?

Se recomienda que el núcleo familiar funja como modelo para el aprendizaje de las relaciones sociales, brindándoles oportunidades para involucrarlos en ambientes naturales, pero en un clima de respeto y tolerancia.

¿Cómo regular las conductas inadecuadas en mi hijo?

Podemos emplear los intercambios, negociaciones, reglas bien sustentadas, evitando la sobreprotección o bien el descuido.

¿Es necesario que mi hijo tenga amigos?

Sí, siempre y cuando tenga bien definido el concepto de amistad para evitar abusos.

¿Mi hijo por tener Asperger debe cambiar?

Es una condición de vida, no cambia; sin embargo, puede mejorar en las habilidades que posee, permitiéndole demostrar a los demás y a sí mismo que se pueden superar obstáculos.

¿Cómo reaccionan los jóvenes con Asperger ante el rechazo de sus compañeros?

Algunos con agresividad y otros con pasividad, esto genera un mayor aislamiento y baja autoestima.

¿Cómo manejo los riesgos al permitir la autonomía de mi hijo con síndrome de Asperger?

Hay que conocerlos, anticiparse a ellos y llevar a cabo entrenamientos, retirando ayudas en forma gradual.

LA AUTOESTIMA EN EL SÍNDROME DE ASPERGER

CARITAS DE AMISTAD, A. C.

Capítulo 4

TESTIMONIO DE UNA JOVEN *ASPI*, EJEMPLO DE AUTOESTIMA POSITIVA

A menudo, mirando al vacío, y en mis ratos de soledad, le pregunto a mi mente: "¿En qué piensas?"... A veces no me contesta, y cuando lo hace, la lucidez que creía perdida vuelve a mí... Para los demás estos momentos son cuando estoy en "mi propio mundo", cuando en realidad es mi manera de interactuar con el mundo que está a mi alrededor. La gente tiende a señalar nuestros defectos y errores, pero no observa nuestros avances. El negar el Autismo, tanto de bajo como de alto funcionamiento, no va a hacer que desaparezca, es cierto que necesitamos tiempo para nosotros mismos, como todos los demás.

Nosotros también sentimos y, por lo mismo, queremos que nos conozcan, antes de hacer juicios sobre lo que somos, o lo que seremos en un futuro. ¿Sabían que nosotros al igual que ustedes llevamos también sangre roja que corre por nuestras venas? Si lo saben, entonces ¿por qué mucha gente nos trata diferente, y en ocasiones como inferiores? ¿qué tenemos que hacer para ser considerados dentro del término de "buena persona"? Esto no es un reclamo, ni un reproche, es solo que quiero hacerles saber que nuestro mundo autista y Asperger es maravilloso, y no debe ser dañado con comentarios ofensivos ni miradas despectivas.

A ustedes les agradezco todo su apoyo y su cariño como familiares, que tratan que este mundo no nos sea tan difícil y desolado. Durante mi vida, aunque me he reconocido como alumna de Excelencia académica, la escuela ha sido un suplicio, ya que el solo pensar en salir a los recreos era motivo de ansiedad; me trataron mal, y con mi ingenuidad yo no veía que esto era malo. Suprimía mi sufrimiento con mis dibujos, la música que me gustaba, o con repetir en mi cabeza cada una de las historias que leía, que hacían mi vida menos agitada.

Tengo bastantes alergias, entre ellas a los gatos, plantas, polvo, ciertos medicamentos, y miles de cosas más. Pero a pesar de esto, y del hecho de ser enfermiza, no he dejado de demostrarme a mí misma que estas son sólo pautas para hacerme más fuerte, hay veces que no lo soy, pero he tenido la ayuda de mi mente y mi lógica para lograr salir de esto. ¿Qué más puedo decirles que no haya dicho antes?, no mantengo contacto visual con la gente, me guío de un manual para entender todo lo que me pasa y no entiendo las bromas ni los sarcasmos; nunca aprendí a andar en bicicleta y siempre rehusé el contacto con otras personas.

Antes pensaba que me encontraba sola y que por ello nunca iba a encontrar personas que me entendieran. Pero lo bueno es que ahora los he conocido y espero que se conviertan en mis amigos, hasta me parece curioso nombrar esa palabra, pero eso es lo que espero lograr. ¡Muchas, muchas gracias por serlo! por apoyarme a mí y a sus pequeños Ángeles.

Y en cuanto al amor, encontré a alguien maravilloso, noble y muy inteligente a quien adoro con todo mi corazón y que también es *Aspi*. Hace años era imposible pensar en enamorarme, pero ahora, esta ilusión es un gran alivio y una bendición muy preciada, a él le agradezco el haberme demostrado que los *Aspis* también podemos desarrollarnos en ese aspecto de la vida, solo que nuestro cariño se da de manera más inocente y pura que el de los demás.

Y es cierto, si Temple Grandin, Stephen Wiltshire, Daniel Tammet, Einstein, y demás personajes son o fueron autistas, entonces, ¿qué tiene de malo ser *Aspi*?

Como *Aspi*, me es bastante difícil comprender a la sociedad, que quiere conseguir una "cura", cuando lo que necesitamos es comprensión. No necesitamos lástima, sólo apoyo. Dicen algunos especialistas que el autismo y el Asperger son un defecto de nacimiento, en mi opinión es absurdo que lo tomen como tal ¿son acaso la inocencia y la buena voluntad un defecto de nacimiento, una anomalía?, ¿o un defecto en las llamadas "neuronas espejo"?

Muchas veces he llorado a cara descubierta, con rabia y temor al mismo tiempo, sin avergonzarme, como forma de gritar al mundo que me sentía perdida en un abismo lleno de gente extraña que acosa sin razón a los inocentes y me acusa de mil faltas sin decirme claramente cuáles son.

Siempre he hecho y haré lo que yo considere correcto y justo, a pesar de que digan que tengo una discapacidad mental y miles de etiquetas más que me ponen. Tal vez para las demás personas nuestros comportamientos sean motivo de ideas erróneas al pensar que no son importantes ni positivos, pero para mí son grandes dones y no pienso sacrificarlos por comentarios injustificados de los demás, ¡soy una orgullosa *Aspi*! y nunca lo negaré, ni lo esconderé como si fuera el peor de los secretos.

Puede ser que la discriminación hacia nosotros nunca termine, pero sería bueno que dejaran de buscar un tratamiento, como si de una enfermedad se tratara.

S. G.

TESTIMONIO DE UN JOVEN *ASPI*, EJEMPLO DE AUTOESTIMA BAJA

Cuando estoy en clases yo no respondo nada, a menos que repitan mi nombre varias veces.

Siento los días sin esperanza, me siento tan alejado de este mundo. Me siento diferente de los demás, sé que me miran con extrañeza. Me siento tan tonto e inútil, me cuesta tanto hacer lo que otros hacen sin dificultad, intento hacer las cosas bien, pero todo me sale mal. A veces me siento extraño en este mundo, tan fuera de todo. Me siento como nada, me siento en el vacío. Eso es lo que yo siento.

J. C.

La autoestima es un aspecto muy importante de considerar en todas las personas, principalmente quienes presentan síndrome de Asperger son más vulnerables y propensas al rechazo social, agresión, burlas y, en casos extremos, *bullying*.

Autoestima positiva es:

1. Sentirse bien consigo mismo.
2. Tener autoconfianza.
3. Agradarse aceptando los errores.
4. Sentimientos agradables hacia sí mismo.
5. Buscar resolver los problemas.
6. Evitar el fracaso.

Hay cuatro procesos importantes en la autoestima:

1. Autoconocimiento.
2. Autoaceptación.
3. Autoevaluación.
4. Autorrespeto.

Recordemos que cada persona con Asperger es un caso único, por lo cual, de acuerdo con sus características podemos hacer la siguiente clasificación:

1. Tiene una autoestima social baja, se aísla, no muestra seguridad y confianza en sí mismo.
   Aquí se ubica la mayoría de las personas con Asperger, se considera su discapacidad social y problemática para abordar situaciones sociales, enfrentarlas asertivamente y dar solución a conflictos.
2. Tiene una autoestima muy baja con depresión en proceso.
   Se encuentran las personas que no recibieron de manera oportuna y efectiva un adecuado manejo conductual, acumulan así grados extremos de ansiedad y depresión; requieren tratamiento médico.
3. Tiene una autoestima promedio baja, resiste todo pero está en riesgo de fracaso porque en la parte escolar no tiene rendimiento.
   Muchos estudiantes se encuentran en este caso debido a la falta de una adecuación curricular y estrategias educativas adecuadas.

Si bien es cierto que el ámbito social y educativo es un elemento importante en la autoestima de los *Aspis*, la apreciación que haga su familia de ellos (las personas más significativas en su vida) será un factor determinante.

En el ámbito familiar son sometidos a demandas y altas expectativas por parte de los padres, por lo que se plantea que desde la familia se debe hacer una intervención y acompañamiento para fomentar e incrementar una autoestima positiva.

Los puntos claves que se deben trabajar son:

1. Entender que el *Aspi* es diferente.
2. Acompañarlo, orientarlo y motivarlo.
3. Aprender a conocer su condición.
4. Conocer, valorar y respetar sus preferencias.

La autoestima estará influida por lo que se ha aprendido de las experiencias anteriores, por las habilidades y por la posibilidad de tener un mejor desempeño en actividades que se consideren importantes. Se debe partir del análisis sobre las propias fortalezas y debilidades, hacer énfasis en los aspectos positivos y basarse en las posibilidades reales.

Existen tres ejes de apoyo:

• La familia.
• La escuela.
• Instituciones terapéuticas.

La autoestima es una actitud ante la vida, basada en tres elementos:

• Los pensamientos.
• Los sentimientos.
• Las conductas.

Por ejemplo:

Supongamos que una persona comete un error al olvidar pasar un recado urgente.

Las personas que padecen Asperger, generalmente:

Piensan: fui un tonto.
Sienten: enojo, tristeza.
Actúan: pasivamente, no hacen un análisis ni tratan de solucionar el conflicto.

A continuación se presentan algunas estrategias prácticas que ayudarán en el proceso de mejoramiento de la autoestima:

Ejercicio: "Alta y baja autoestima"

Objetivo: pretende conocer el grado de entendimiento y comprensión que tiene el chico Asperger en cuanto a tener una buena autoestima.

Instrucciones:

1. Señala en los siguientes casos si el comentario corresponde a una persona con alta o baja autoestima (escribe una B, de baja, o una A, de alta, en el paréntesis.)

Siempre tengo que equivocarme, soy un tonto ( )

Me siento súper aunque perdí, yo hice lo mejor que pude ( )

La invité a salir y me rechazó, pero lo importante es que me atreví a hacerlo ( )

Ellas son mis amigas, aunque siempre se burlen de mí ( )

Siempre se me olvida todo, soy un tonto ( )

No quiso ser mi novia, por ser distraído, tonto y feo ( )

2. Al final deberá analizarse cada situación, resaltando los aspectos positivos y negativos de cada uno.

Dinámica: "Amistad"

Objetivo: reflexionar sobre "lo que yo puedo hacer hoy, para comenzar a darme la alegría de ser amigo y empezar a sembrar esta alegría en mi trabajo, familia y amistades".

Instrucciones:

1. Entregar un cuestionario al grupo, con los siguientes enunciados:

a) Describe las características de un amigo.

b) Indica la manera en que demuestras cómo eres amigo de alguien.

c) ¿Crees que es importante tener amigos y por qué?

d) ¿Crees que tienes cualidades para ser un buen amigo? Si las tienes, ¿cuáles son y qué otras cualidades quisieras tener?

2. Recoger los cuestionarios y leer uno de ellos al azar sin decir el nombre del autor.
3. Abrir un debate sobre las ideas expuestas.
4. Analizar el verdadero sentido de un amigo.

Dinámica: *Role playing* de "Reacción y creación"

Objetivo: concientizar que en la reacción nos domina el sentimiento y los mensajes grabados; mientras que en la creación uno maneja el sentimiento y la razón para una respuesta adecuada.

Reacción: conductas impulsivas.
Creación: conductas reflexivas.

Instrucciones:

1. Elegir dos voluntarios para dramatizar una escena.
2. Historia: En un evento social se encuentra un chico con síndrome de Asperger, quien se anima a sacar a bailar a una joven, pero ella lo rechaza.

Primera escenificación

Se les dejará actuar libremente, se observarán las reacciones espontáneas, por ejemplo frustración, enojo, ansiedad, aislamiento, entre otras.

Al terminar la escenificación se hará un análisis de las conductas y reacciones que presentaron los participantes.

Segunda escenificación

Se les pide a los voluntarios realizar la escenificación, ahora mostrando un razonamiento reflexivo (creación).

3. Al finalizar se hará un análisis de las dos representaciones, donde se pueda llegar a una conclusión acerca de las ventajas de actuar y responder a cualquier situación con autocontrol y de manera reflexiva.

Práctica: "Encuentra el valor"

Objetivo: identificar y apreciar que siempre existe algo positivo, tanto en las cosas como en las personas, y específicamente en él mismo.

1. Observar el bote de basura de la habitación y escribir 10 cosas positivas que le encuentra. Por ejemplo, es útil para mantener limpio el cuarto, tiene un color bonito, etcétera.
2. Seleccionar a tres o cuatro personas y cada una deberá mencionar cinco características positivas de los demás.
3. Buscar y escribir 10 cosas que aprecie y sean significativas para los participantes.
4. Escribir 10 cosas que le agraden de él mismo.

Práctica: "Mis fortalezas"

Objetivo: identificar y conocer las capacidades de cada persona.

Instrucciones: Deberá describir de cinco a 10 cosas que le gusta mucho hacer y explicar las razones por las que se va a permitir hacerlas más.

Ejemplo: Me gusta inventar historietas, me lo voy a permitir porque me hace ser creativo y muy imaginativo. Lo voy a hacer porque me gusta, lo disfruto, soy feliz y me lo merezco.

Práctica: "Sorpréndeme"

Objetivo: fomentar empatía con los demás, con la gratificación y disfrute de hacer sentir bien a alguien, apreciando sus virtudes.

Instrucciones: sorprender a tres personas que no esperen nada de él. Decirles algo maravilloso, que las haga sentir bien.

No hay un orden específico para realizar cualquiera de las actividades de autoestima, lo principal es que durante el proceso, se tomen como juegos que construyen de manera divertida.

4.1. PREGUNTAS FRECUENTES

¿Llevar a cabo las anteriores dinámicas garantiza que se elevará la autoestima del chico Asperger?

No propiamente, son técnicas que apoyan y refuerzan un trabajo integral conjuntamente entre las personas vinculadas al *Aspi*. El valor que su familia y entorno social le dan desempeña un papel relevante. Este valor está centrado en resaltar sus fortalezas y no sus debilidades.

¿Por qué las personas con Asperger suelen tener una autoestima dañada?

Las personas con síndrome de Asperger son muy vulnerables a situaciones antagónicas y que demanden un gran esfuerzo. Presentan poca tolerancia a la frustración. Esto les provoca sentimientos de minusvalía.

¿Es parte del síndrome de Asperger la autoestima baja?

No, la autoestima se va construyendo desde pequeños como parte de nuestra identidad. Las experiencias que se tienen y la forma de enfrentarlas influirán en el tipo de autoestima que se genere.

¿Cómo influye la familia en la autoestima del Asperger?

Es primordial en este proceso. Si la familia devalúa las capacidades de la persona con Asperger, la consecuencia será que ésta se sienta insegura e incapaz. Si, por el contrario, la familia resalta sus fortalezas, confía en sus capacidades y la motiva continuamente, ella se sentirá valiosa.

¿Cómo podemos ayudarle a recuperar la autoestima?

Al brindarle respeto, confianza, seguridad, creer en él, motivar y encauzar adecuadamente su potencial.

¿Puede una persona con Asperger alcanzar un autoconocimiento, autoaceptación, autoevaluación y autorrespeto?

Es capaz de pensar, sentir y actuar con conciencia y objetividad si recibe el apoyo necesario.

¿Cuál es el proceso de cambio de una autoestima baja a alta en los chicos con SA?

Cambiar su manera de pensar, principalmente la forma en que se perciben y evalúan, para modificar así su nivel de autoestima.

INQUIETUDES DE LOS JÓVENES CON SÍNDROME DE ASPERGER SOBRE LA SEXUALIDAD

Caritas de Amistad, A. C.

Capítulo 5

LO QUE SIENTE UN ASPI HACIA UNA MUJER

Es un lenguaje que no puedo comprender, no sé ni siquiera cómo decirte un simple hola, ni interpretar tus indirectas cuando sientas o no lo mismo. Sé que la mayoría de las veces el sentimiento no es recíproco, pero nunca me hagas ilusiones falsas, porque sólo mantienes mi sueño vivo contigo, y a la vez mi dolor y agonía, si no quieres conmigo desde el principio dilo, me dolerá, pero lo superaré más fácil. No sé cómo hacerte reír, no me atrevo a vacilarte, no entiendo el sarcasmo, ni cuando los demás chicos te empujan, al menos yo no me atrevería hacerlo, aunque no lo hagan con la intención de lastimarte.

Es fácil mentir, es fácil esconder la verdad, pero qué difícil es ser directo. ¿Por qué me rechazas? Si no te hago daño, ni te molesto, ni te ofendo, ¿acaso mi sola presencia te causa sentimientos encontrados? ¿Crees que en realidad soy un psicópata y te haré daño, ya sea acosarte, secuestrarte, violarte o incluso matarte si no me haces caso? No, nunca te haría nada de eso por más daño que me hicieras.

Lo único que quiero es que me digas la razón de tu rechazo. Si supieras que sólo una simple señal sobre ti me hace enloquecer. Cada vez que te veo, no puedo dejar mirarte, no puedo estar un solo paso lejos de ti, ni siquiera puedo dejar de pasar un solo segundo en el día sin pensar en ti. Simplemente el que formes parte de mi insignificante vida me hace sentir en el paraíso, al menos por un instante.

No sabes cuánto anhelo tocarte, acariciar cada pequeño poro de tu piel, sentir cada sensación de tu cuerpo; pero eso tal vez no sea posible, siempre preferirás a alguien más fuerte, más extrovertido, que te hable bonito, aunque a veces sean bromas de mal gusto, y a la larga ese alguien resulte ser todo un barbaján que te golpee (física y mentalmente) y trate como quiera. Sólo me queda resignarme a esperar a alguien más que no seas tú y la autocomplacencia. Y, ¿por qué?

¿Qué me queda si no puedo experimentar el aprecio del sexo opuesto, un simple beso, abrazo, caricia o contacto visual? En resumen, daría lo que fuera por sentir el amor de una mujer. Simplemente esperaré.

L. V. V. C.

Las personas con síndrome de Asperger son individuos con sentimientos, sensaciones, inquietudes y deseos que deben ser atendidos. Mantienen curiosidad sobre temas de sexualidad, noviazgo, abrazos, besos, acercamiento al sexo opuesto, etcétera.

¿POR QUÉ PRIVARLOS DE ESTE DERECHO TAN NATURAL?

Es imperante la necesidad de ofrecer una adecuada orientación sexual acorde con su edad, como se debería hacer con cualquier persona. Por tal razón, requieren terapias centradas en mejorar la autoestima y favorecer un autoconcepto positivo y realista. Este aprendizaje debe llevarse a cabo en ambientes artificiales, protegidos, estructurados y con personal capacitado; con la lógica de generalizar la terapia a ambientes naturales. Recordemos que las personas con síndrome de Asperger requieren de una enseñanza explícita sobre las relaciones sociales en general.

Según Mariah Spanglet, en su artículo "Habilidades sociales y sexuales en personas con autismo", algunos de los déficits que tienen las personas con autismo y que son particularmente problemáticos en el área de la relación social y sexual incluyen:

1. Gran dificultad para establecer y mantener amistades.
2. Les cuesta mantener o recobrar autocontrol.

3. Poca o ninguna capacidad para discriminar palabras y acciones socialmente apropiadas o inadecuadas, así como una carencia general de juicio social.
4. Carencia general de empatía, conciencia de la perspectiva y necesidades de otros.
5. Inhabilidad para entender las consecuencias de su propio comportamiento y el efecto que el mismo tiene sobre otros en su ambiente inmediato.
6. Dificultad para comprender e identificar todos los mensajes no verbales, mientras los mensajes verbales son entendidos literalmente o mal interpretados.

Aunque debemos considerar las dificultades sociales descritas con anterioridad, no olvidemos que a pesar de sus problemas, son capaces de generar estrategias y alternativas para manejarse en el mundo social. Esto, aunado a la confianza que depositemos en ellos y un programa terapéutico acorde con sus necesidades, puede lograr un pronóstico favorable de vida social y sexual inherente a cada ser humano.

La clave del éxito para alcanzar una vida plena en las personas con síndrome de Asperger radica en generar sensibilidad, respeto, conocimiento, apoyo y tolerancia de la sociedad en general. Por ello es importante sensibilizar al resto de la población para comprender lo valiosa que es la personalidad de los jóvenes con síndrome de Asperger.

DIFERENCIAS ENTRE SEXUALIDAD Y SEXO

La sexualidad humana, de acuerdo con la Organización Mundial de la Salud (OMS), se define como un aspecto central del ser humano, presente a lo largo de su vida. Abarca el sexo, las identidades y los papeles de género; el erotismo, el placer, la intimidad, la reproducción y la orientación sexual. Se vive y se expresa a través de pensamientos, fantasías, deseos, creencias, aptitudes, valores, conductas, prácticas, papeles y relaciones interpersonales. La sexualidad incluye todas estas dimensiones; no obstante, no todas ellas se viven o se expresan siempre. La sexualidad está influida por la interacción de factores biológicos, psicológicos, sociales, económicos, políticos, culturales, éticos, legales, históricos, religiosos y espirituales.

De acuerdo con el *Diccionario de la Lengua Española*, la palabra *sexo* es utilizada frecuentemente para designar diversas cosas. Por ejemplo, cuando se nos pregunta cuál es nuestro *sexo*, acertadamente respondemos hombre o mujer; sin embargo, la palabra *sexo* regularmente se utiliza para referirse a actividades que tienen que ver con la obtención de placer sexual.

Al cuestionar sobre sexualidad las personas tienden a emplear términos como amor, comunicación, unión, sensualidad y erotismo. Al pedirles que definan sexo emplean términos que indican "hacer algo" como tener sexo, orgasmo, genitales y en otros términos generales "hacer el amor". El desempeño y los sentimientos, al incluir partes del cuerpo, son parte del terreno de la sexualidad, el cual se vive y se expresa a través de pensamientos, fantasías, deseos, creencias, actitudes valores, conductas, gustos, prácticas e identificación de roles.

Se le preguntó a un *Aspi* qué es la sexualidad y empleó términos como: mujeres, tocar, penetrar, órganos sexuales femeninos, fantasías eróticas, la compañía mutua en pareja, hacer el amor, desprendimiento de prendas.

Sin embargo, la emoción de conocer a una persona que le brinde protección, seguridad y confianza, esto es fundamental.

TEMAS DE SEXUALIDAD EN CARITAS DE AMISTAD

Durante la intervención terapéutica se mantienen conversaciones paso a paso para evitar confusiones entre ellos, por lo que el terapeuta mantiene una postura amigable y sociable, permite que la persona exprese lo que siente y piensa, así como profundice en cada episodio problemático que vive ante su sexualidad. Se les orienta para que obtengan información pertinente, se les hace partícipes en cada sesión, y se hace una reflexión sobre el tema. A través de escenificaciones se abordan las diferentes situaciones.

Durante las sesiones, a través de la motivación se obtienen comentarios como:

Tengo la intención de establecer una relación con alguna persona.
Soy capaz de manejar la situación interpersonal cuando se presente.

Tengo idea de lo que voy a decir y causarle una sonrisa.
Puedo llevarme bien con los demás.
Intentaré tener mayor contacto con los compañeros y amigos.

Algunas barreras de pensamiento que también se abordan son:

Si quieren que esté con los demás han de someterse a mis ideas.
El estar con los demás me provoca ansiedad y nerviosismo.
De pronto mis pensamientos se alejan.
Las bromas que me hacen son muy pesadas y me causan incomodidad.
Relacionarme con los demás no es lo mío, prefiero mi espacio de soledad y aislamiento.
El rechazo de otra persona invade mi espacio.

Estas situaciones se van trabajando en un clima de confianza y de manera personal.

5.1. PREGUNTAS FRECUENTES

¿Los jóvenes *Aspis* tienen deseos sexuales?

Son personas pensantes, sensibles y receptivas como cualquier ser humano, por lo cual tienen necesidades fisiológicas y emocionales que satisfacer; sin embargo, algunos tienen un interés más intenso que otros.

¿Es indispensable que tengan relaciones sexuales?

No necesariamente, la decisión es de ellos, con un adecuado asesoramiento de padres y terapeutas.

¿Es mala la masturbación?

Es sana, siempre y cuando se realice bajo condiciones de respeto a la intimidad y privacidad.

¿El padre debería ocuparse en despertar la sexualidad de su hijo *Aspi*?

No, porque se debe respetar su intimidad, sin presiones si el chico no externa esta inquietud.

¿Qué cuidados especiales requiere un *Aspi*, en cuanto a la sexualidad?

Los mismos que cualquier otro joven, mucha comunicación, educación y orientación sexual.

BRILLO DE UN *ASPI*

CARITAS DE AMISTAD, A. C.

Capítulo 6

Un joven aspi con una gran sensibilidad

Christian es un joven *Aspi* que fue capaz de sorprender a una escuela completa, al demostrar gran sensibilidad y compañerismo por el fallecimiento de un compañero. Como un homenaje póstumo a este chico, el director solicitó de manera voluntaria que los estudiantes hicieran un escrito recordándolo, y lo leyeran ante toda la escuela.

Christian, pese a su característico aislamiento y falta de participación, sin dudarlo se comprometió a hacer el escrito. Con gran seguridad quiso ser el primero en pararse delante de todo el colegio, tomar el micrófono y leer la carta. Esto impactó a los presentes, ya que denotó una gran firmeza e interés en acciones públicas y sociales, inusual en él.

Los maestros relatan que sintieron un nudo en la garganta y que logró que más de una persona, entre ellas alumnos (quienes no simpatizaban con Christian) derramara una lágrima. Esto fue cuando narró con mucha fortaleza, lealtad y sinceridad, que recordaba con gran cariño y admiración a su compañero fallecido, que no debía haber muerto, que quien debió morir en tal caso era él, ya que su compañero era querido, respetado y muy valioso. Que muchos lo amaban y extrañarían, mientras que Christian era rechazado por los compañeros.

Además, relatan los profesores que lo interesante es que Christian sintió mucha tristeza y dolor por la muerte de su compañero, aun cuando había sido objeto de rechazo, abusos y burlas por parte de él. Este chico *Aspi* no alimentó resentimiento ni rencores, fue capaz incluso de darle un gran valor y significado a la vida de su compañero.

Dicen que las personas que tienen síndrome de Asperger carecen de empatía hacia los demás. Christian es un claro ejemplo que demostró la invalidez de esa creencia. Les es difícil interpretar y expresar emociones, pero sienten tanto o más que cualquiera.

Un aspi coterapeuta de niños con autismo

En su bitácora relata lo siguiente: "Me gusta lo que hago, me gusta mi trabajo y me encanta ser coterapeuta de los niños. Yo sí les tengo paciencia, no como una maestra que de pequeño se desesperaba conmigo y me daba de cocos; yo soy incapaz de golpear a un niño, por ello jamás me atrevería a dañarlos".

Una joven aspi con talento en la computadora

Soy Esmeralda, desde que tenía tres años de edad aprendí hacer uso de las computadoras, gracias a que mi papá me empezó a enseñar a manejarlas y conocer los programas. Ahora tengo 14 años y puedo conocer la edad de la computadora escuchando su ventilador, o si existe mucha sobrecarga de información, entre otras cosas.

Un joven aspi con ideas deslumbrantes

Tony actualmente ha creado la forma de ayudar a otros que carecen de herramientas para hacer uso adecuado de los programas de internet; son tutoriales que permiten el acceso y manejo de estos programas. Esto ha sido benéfico para generar una fuente de ingresos.

Un joven aspi solidario con los aspis

Andrés es un chico que se da cuenta de las dificultades que presentan sus compañeros. Trata de apoyarlos a mejorar sus condiciones de convivencia, haciéndoles ver durante las terapias que las conductas que muestran (estereotipias como hacer ruidos con la boca, mover las manos o los pies), provoca que las personas se alejen de ellos.

Un adolescente aspi perseverante

Mi hijo ha obtenido el tercer lugar en el Concurso Hispanoamericano de Ortografía en Español, ha triunfado entre todos los jóvenes estudiantes de secundarias públicas y privadas en México, pero acabada la proeza me mira y con su cara triste me dice... "El tipo que ganó era uno como yo... era un *Aspi*... ¿crees que no lo reconocí?, era uno así, uno así como yo... un ñoño sin amigos".

Este concurso nacional de ortografía en secundaria fue para él algo así:

Estoy en el concurso a causa de mis habilidades que me otorgaron la oportunidad de poder ejercer mi capacidad de ortografía. Toda mi vida he crecido en conocimientos sobre ortografía y demás, sin olvidar que ha sido muy divertido. Yo me siento nervioso y orgulloso a la vez de representar a mi escuela, pues opino que me va a ir bien. Siento que nada va a ser fácil, pero no me importa si pierdo, porque técnicamente yo ya soy un ganador. Considero la escritura un arte, me enorgullece que puedo participar en un concurso tan importante como lo es éste, así creo yo.

Otras cualidades:

- Procesamiento de información lógica.
- Capacidad de razonamiento filosófico y existencial.

- Manejo y predicción de fechas.
- Capacidad de almacenamiento y manejo de información científica sobre temas de interés.
- Capacidad de crear ideas u objetos que para otros no tienen significado, pero que para ellos son innovadores.

"No cabe duda, nuestros chicos nunca dejarán de brillar, aprendamos de ellos".

ALGUNAS REFLEXIONES FINALES

ELIA ANGELES PINI

Capítulo 7

Caritas de Amistad, A. C. realmente confía en que se puede cambiar el curso de un Asperger con intervención terapéutica oportuna y con un adecuado manejo conductual, evitando así conductas o trastornos que se asocien al síndrome.

Es relevante tener un diagnóstico profesional que sea acorde al perfil de la persona, también es de gran importancia que éste sea diferencial, considerando que la sintomatología del trastorno puede crear confusión. Si se cuenta con un diagnóstico acertado, podrá establecerse un programa integral terapéutico y siempre considerarse que cada caso es único y diferente. Cada persona con Asperger es como todos, únicos e irrepetibles, con una identidad, y personalidad propias.

Se requiere un enfoque integral (ámbito familiar, educativo, social, recreativo y laboral) y no un enfoque simplista de asociar un diagnóstico a un solo tipo de tratamiento; crearle una situación terapéutica de adaptación, donde no se sienta atacado y desee participar; usar un lenguaje que comprenda, trabajar "en tono y volumen". Se trata de una pedagogía de por vida, con cambios necesarios durante las diferentes fases del desarrollo. El tratamiento está enfocado a la adaptación social, dirigida al máximo grado de autonomía, con autoeficacia laboral (la detección de sus fortalezas dictaminará una buena elección).

109

Debemos despertar estructuras y funciones tanto cognitivas como ejecutivas (conjunto de estrategias para llegar a la meta como: planeación, flexibilidad, memoria de trabajo, monitorización, inhibición) para trabajar en la falta de coherencia central que le caracteriza (no enfocarse en los detalles relevantes de un todo).

Es básico fomentar el desarrollo de sus emociones, como la empatía, para que se integre y salga a la luz su potencial. Enseñarle a relacionar el deseo con la creencia, la perspectiva de los demás, a salir de su literalidad para comprender el mensaje del otro (burla, sarcasmo, sentido figurado, etc.); que haya una sincronía entre persona, situación y momento. Ayudémosle a integrar y modular sus ideas y comportamientos.

No expresar no significa ser insensible. Que sienta apatía por las emociones de los demás denota dificultad para expresar las propias. Comprendamos que si bien posee conciencia de sus limitantes (lo cual le lastima y frustra), también carece de la capacidad para manejarlas, lidiar con el cambio y la autorregulación. Por tanto, requiere de un acompañamiento de apoyo, comprensión, paciencia y tolerancia.

Puede haber incertidumbre pues no se sabe realmente la etiología del síndrome de Asperger, pero que no sea esto resultado de la ignorancia o de la falta de un adecuado abordaje terapéutico, porque en ello sí existen avances y herramientas.

Llevar a cabo un trabajo integral es un acto de amor incondicional, por ello no lo presionemos ni exijamos que pierda su frescura y se convierta en lo que nosotros deseamos, hay que tomar en cuenta que se va a trabajar en un proyecto de vida diseñado y dirigido al logro de pequeñas metas continuas, donde el sujeto sea el protagonista principal de su futuro, el mejor negociador de su pronóstico de vida, con nuestro acompañamiento y guía basados en la confianza y el respeto. Se necesita hacer una alianza con él.

Tener un diagnóstico no significa poner un ancla para el desarrollo de la persona, ni es una lápida; es un proceso vivo, un mapa con muchas rutas. Se perdió solamente la idea de una persona dentro de la regularidad. Pero, ¿ser una persona regular significa ser mejor que una persona Asperger?

La persona con Asperger posee un estilo cognitivo social diferente, mas esto, como lo dijo Baron–Cohen, "es una virtud no un defecto.

No les quitemos la grandeza de su potencial y valores como seres nobles, sinceros, leales y honestos. Ésta sí sería una pérdida lamentable". Trabajemos de la mano con ellos, hagamos un encuentro de corazones y mente.

¿Cómo?

"Buscando coincidencias más que diferencias".

Los ángeles de Dios

Los ángeles de Dios somos todos diferentes, y yo no soy la excepción, me han nombrado Asperger, pero soy en esencia igual que tú, tengo un corazón que late, por mi nariz respiro el amor igual que tú… siento frío, me da miedo, nada diferente.

S. G.

Gotas de agua

En la oscuridad hay una burbuja de cristal rodeada de agua, infinito es el mar y oscuro hasta el horizonte. La burbuja solitaria vaga entre las gotas tan diferentes de ella, pero no está sola, a su alrededor hay más burbujas invisibles, pero brillantes.

Es el Asperger una burbuja que sella en su interior el alma buscando protegerla del agua, pero tarde o temprano la luz dentro de la burbuja debe salir, y al no poder abrir la burbuja hermética, con energía sale del mar y brilla más allá de la superficie hacia el horizonte.

BIBLIOGRAFÍA

Aguilar, E., Autoestima, México; Editorial Árbol.

Alfermann, D. y Stoll, O. (2000). "Effects of physical exercise on self-concept and well being". En International of Sport Psychology, p. 47-65.

Attwood, T., (2002), El síndrome de Asperger, una guía para la familia. Barcelona, Novagrafik.

Berney, T. (2004). "Asperger syndrome from childhood into adulthood". Advances in Psychiatric Treatment, vol. 10, 341–351.

Caballero, R. "Los trastornos generales del desarrollo. Una aproximación desde la práctica", vol. II. El síndrome de Asperger Respuesta educativa.

Centro de Integración Juvenil, A. C. (2006). Habilidades para la vida. Guía para educar con valores. México, Gob. de Guadalajara.

Fitzgerald, M. & Corvin A. (2001). "Diagnosis and differential diagnosis of Asperger syndrome". Advances in Psychiatric Treatment, vol. 7, 310–318.

Flores, Lázaro J. C. (2006). Neuropsicología de los Lóbulos Frontales, México, Universidad Juárez Autónoma de Tabasco.

Jeffrey, Weeks. (2000). Sexualidad, México, Paidós.

Martín P. (2004). El síndrome de Asperger ¿excentricidad o discapacidad social?. Madrid, Alianza Editorial.

Ozonoff, S., Dawson, G., McPartland, J. (2002). A Parents Guide to Asperger Syndrome and High-Functioning Autism. How to meet the challenges and help your children thrive, New York, Guilford Press.

Ramon Cererols <http://www.pairal.net/>.

Ruiz L. P. (2007), "Asperger, comorbilidad y discapacidad". En Síndrome de Asperger: aspectos discapacitantes y valoración, España: Federación Asperger España.

Smeke, S. (2002). Alcanzando la excelencia emocional en niños y jóvenes. Propuesta educativa dirigida al desarrollo de la inteligencia emocional y de las habilidades sociales en los niños y adolescentes, México, Tomo.

Willliam H. (1983). Sexualidad. La experiencia humana. México, Manual Moderno.

ÍNDICE ONOMÁSTICO

ÍNDICE ANALÍTICO